10대에게★권하는
역사

10대에게 권하는 역사

초판 1쇄 인쇄 2017년 5월 1일
초판 12쇄 발행 2023년 9월 5일

지은이 김한종 **펴낸이** 김종길
펴낸 곳 글담출판사 **브랜드** 글담출판

기획편집 이경숙 · 김보라 **영업** 성홍진
디자인 손소정 **마케팅** 김민지 **관리** 이현정

출판등록 1998년 12월 30일 제2013-000314호
주소 (04029) 서울시 마포구 월드컵로8길 41 (서교동 483-9)
전화 (02) 998-7030 **팩스** (02) 998-7924
블로그 blog.naver.com/geuldam4u **이메일** geuldam4u@geuldam.com

ISBN 979-11-86650-33-2 (43900)

일러두기
글담출판 블로그에 방문하면 〈10대에게 권하는 시리즈〉의 독서지도안을 내려받을 수 있습니다.

책값은 뒤표지에 있습니다.
잘못된 책은 바꾸어 드립니다.

글담출판에서는 참신한 발상, 따뜻한 시선을 가진 원고를 기다리고 있습니다. 원고는 글담출판
블로그와 이메일을 이용해 보내주세요. 여러분의 소중한 경험과 지식을 나누세요.
블로그 blog.naver.com/geuldam4u **이메일** to_geuldam@geuldam.com

"역사를 왜 배워야 하지?"

10대에게 ★ 권하는 역사

김한종 지음

청소년에게 역사 공부의 가치를
알려주는 책

글담출판

역사는 지난날 인간의 삶을 경험하는 것

도서관에 가보면 '역사'라는 이름으로 분류된 책들이 함께 꽂혀 있는 것을 볼 수 있죠. 조금만 큰 서점에 가보더라도 역사책을 별도로 모아서 진열하고 있고요. 이 중에는 어린이 · 청소년 역사책들도 적지 않습니다. 인터넷에서도 역사 정보를 손쉽게 찾을 수 있고요. 요즈음에는 역사 강좌가 상당한 인기를 얻고 있기도 합니다. 그러고 보니 텔레비전에서도 끊임없이 역사 드라마가 방영되기도 하네요. 그만큼 요즈음 역사에 대한 관심이 높은 것 같습니다. 최근 몇 년간 역사 교과서 국정화를 놓고 사회가 시끄러웠던 것도 이런 관심을 반영한 것 아닐까요?

역사는 지난날 이미 일어났던 일입니다. 돌이킬 수도 없고 바꿀 수도 없습니다. 그런데도 역사를 놓고 왜 말들이 많을까요? 어떤 사람들은 이것이 사실이라고 말하는데, 어떤 사람들은 그렇지 않다고 반박하고요. 초등학교에서 고등학교를 졸업할 때까지 역사를 적잖이 배우는데도 왜 사람들은 이처럼 역사를 달리 알고 논쟁을 벌이는 걸까요?

이런 일들이 일어나는 것은 어쩌면 우리가 알고 있는 '역사적 사실'의 성격 때문인지도 모르겠습니다. 역사는 지난날 인간이 생각하고 행동한 결과입니다. 역사를 공부한다는 것은 지난날 인간을 경험하는 것이라고 할 수 있겠죠. 그런데 같은 학교, 같은 학급의 친구들도 생활이 모두 같은 것은 아니죠. 생각이 서로 다르기도 하고요. 마찬가지로 지난날 사람들의 삶이나 생각도 차이가 있고 역사를 통해 지난날 사람들의 삶을 접하는 우리의 생각도 저마다 다릅니다. 역사 공부는 지난날 사람들이 어떻게 생각했는지 되돌아보고, 그들의 행동에 대해 스스로 생각해보는 과정입니다.

중·고등학교 역사 교과서의 앞부분에는 '역사란 무엇인가?', '왜 역사를 알아야 하는가?'와 같은 설명이 나옵니다. '역사적 사실'의 성격이 무엇이며, 왜 역사를 공부하는지를 알려주기 위해서지요. 하지만 설명을 읽더라도 이해가 쉽지 않을 것입니다. 교과서에 쓰인 '사실로서의 역사'와 '기록으로의 역사'라는 말의 차이를 구분하는 것이 쉽지 않고, '역사는 현재와 과거의 대화'라는 말의 의미를 파악하는 것도 어렵기 때문이지요. 그래도 이러한 의미를 이해하려 노력하고 역사를 공부한다면 좀 더 많은 것을 얻을 수 있지 않을까요? 지난날 사람들의 삶이 여러분에게 좀 더 생생하게 다가오기도 할 것이고요.

이 책에는 여러 가지 역사적 사실이 나옵니다. 여러분에게 단순히 역사적 사실을 많이 알려주기 위해서가 아닙니다. 역사가 무엇이며 왜 알아야 하는지 생각함으로써, 역사를 공부하면서 어떤 마음을 가져야 하는지 안내하려는 것입니다. 이 책에 나오는 지난날 사람들의 삶을 접하면서 스스로 역사와 사회에 대한 생각의 폭을 넓혀가는 건

어떨까요?

　근래 여러 사회 문제들에 청소년들이 목소리를 내는 것을 볼 수 있습니다. 청소년을 바라보는 사회의 눈도 달라지고 있고요. 여러분이 당당한 사회 구성원으로서 자리매김하기를 바랍니다. 그리고 역사 공부가 여러분이 그런 생각을 하는 토대가 되었으면 좋겠습니다.

2017년 5월
청소년이 역사의 주인으로
자리매김하기를 바라며
김한종

차례 ▌ C o n t e n t s

Chapter 06 **역사를 어떻게 공부하나요?**

역사란
무엇일까요?

역사적 사실은 지난날 일어난 일입니다. 그러기에 역사는 되돌릴 수가 없습니다. 타임머신을 타고 과거로 갈 수 있는 세상이 오기 전까지는 말이지요. 그러니까 지금까지 역사는 '하나'입니다.

그런데 우리는 가끔 무엇이 역사적 사실인지를 놓고 논란을 벌입니다. 또 지난날 일어난 하나의 사건을 서로 다르게 이야기하기도 합니다. 심지어 같은 역사적 사실의 평가가 바뀌거나 달리 서술하는 경우도 있습니다. 조선 시대 충신의 아이콘 사육신과 중국 최고의 역사서 『사기』를 쓴 사마천의 이야기 등을 통해 왜 이런 현상이 일어나는지 알아볼까요?

01
역사를 보는 관점은
반드시 하나가 아니에요

충신의 아이콘, 사육신

유교는 삼국시대에 들어왔고, 고려와 조선이 나라를 다스리는 이념이었습니다. 유교 윤리 중에서 '충(忠)'은 '효(孝)'와 함께 가장 강조되었던 덕목입니다. 일찍이 신라의 화랑들은 세속오계 중 하나로 "임금을 받들 때는 충으로 한다."라는 뜻의 '사군이충(事君以忠)'을 지켰고, 임금에게 충성하지 않고 다른 생각을 품은 신하는 가혹한 처벌을 받았습니다.

조선 시대에 이르러서는 정치는 물론 사람들의 일상생활에도 유교 정신과 예법이 적용됐습니다. '충'이 더욱 강조되었지요. 충신으로 선정되면 나라에서는 비석이나 붉은 문을 세워서 모범으로 삼았습니다. 이를 '홍문(紅門)' 또는 '정려(旌閭)'라고 합니다. 이런 사람이 나오게 되면 집안은 물론 마을의 자랑거리가 되었습니다. 그러기에 신하들은 으레 '충신'이라는 말을 듣고 싶어 했지요. 지금도 농촌 마을 곳곳에는 조선 시대에 세워진 정려를 볼 수 있습니다. 이런 기념물을 만든 목적은 충성을 다해야 사람다운 도리를 하는 것이라고 생각하게끔 만들려는 것이었지요.

충신이란 어떤 사람일까요? '충신불사이군(忠臣不事二君)'이라는 말이 있습니다. "충신은 두 임금을 섬기지 않는다."라는 뜻입니다. 이런 충신의 대표적인 인물로는 누가 있을까요? 아마도 많은 사람이 사육신(死六臣)을 떠올릴 것입니다. 사육신은 숙부인 세조(수양대군)에게 쫓겨난 단종을 복위(폐위되었던 임금이 다시 그 자리에 오르는 것)시키는 운동을 벌이다가 발각되어 죽임을 당한 6명의 신하를 가리킵니다. 성삼문, 박팽년, 이개, 하위지, 유성원, 유응부가 사육신입니다. 사육신은 목숨을 버리면서까지 섬기던 임금을 끝까지 받들려고 한 충신의 상징으로 여겨지고 있습니다. 지금도 자기 조상이 사육신에 포함되어야 한다고 주장하는 가문이 있을 정도입니다.

그런데 사육신은 왜 죽임을 당했을까요? 임금을 해치려는 역모를 했다는 이유였습니다. 실제로 사육신은 세조와 왕자들을 죽이고 단종을 다시 임금에 앉히려고 했습니다. 사육신은 단종에게는 충신이지만 세조에게는 역적이었습니다. 그래서 사육신 집안의 남자들은 모두 처형

· 「전세조존영도」 ·

마포구 신수동 복개당에 세조의 영정으로 모셔진 무신도예요.

단종에게는 충신인 사육신이 세조에게는 역적이었어요.

당했고, 여자들은 노비가 되었지요. 그러나 오늘날 사육신을 '역적'이라고 평가하는 사람은 없습니다. 충신의 이미지만 남고 역적 행위는 사라진 것입니다. 어떻게 된 것일까요?

사육신에 대한 평가는 어떻게 달라졌을까요?

사육신에 대한 평가는 세조가 죽은 뒤 얼마 지나지 않아서 달라지기 시작했습니다. 세조의 뒤를 이어 왕위에 오른 예종이 13개월 만에 죽고 성종이 왕위를 이어받자 사육신을 동정하는 목소리가 나왔습니다. 성종은 세조의 손자로, 세조는 곧 성종의 할아버지입니다. 그런데도 '역적'으로 처형된 사육신을 동정하는 말을 해도 괜찮았을까요?

성종은 국왕으로서 생각해볼 때 사육신의 행동이 마냥 싫지만은 않았습니다. 자신을 받들지 않는 '불충'은 안 되지만, 신하가 한 명의 왕을 끝까지 모셔야 한다는 논리 자체는 나쁠 것이 없었습니다. "나에게도 저런 신하가 있었으면!" 하고 생각했을 수도 있습니다. 그래서 사육신을 긍정적으로 보는 시각이 있어도 모른 척하였을 것입니다. 그렇지만 공식적으로 사육신은 여전히 '역적'이었습니다.

사육신이 복권된 것은 조선 후기였습니다. 1680년 숙종 때 강화유수(조선 후기에 강화군을 다스리던 관리) 이선은 상소를 올려 사육신의 죄를 씻

• 사육신 묘사당 •

어주고 은전(나라에서 은혜를 베풀어 내리던 혜택)을 베풀어달라고 요청하였습니다. 숙종은 사육신 문제를 이해하지만, 전례가 없으므로 별도로 은전을 내리기는 어렵다고 거절했습니다. 그러면서도 묘를 만든다든지 사림(유림. 유학을 신봉하는 무리)이 숭배하고 제사를 받들어 모시는 것은 관계없다고 답했습니다. 그러자 유학자들은 본격적으로 사육신을 떠받들기 시작했습니다. 이로써 사육신은 공식적으로 역적이라는 죄명에서 벗어나고, 이후에는 오히려 사림들 사이에서 충신의 상징으로 바뀌었습니다.

역사적 사실은 하나의 해석이에요

　조선 후기 들어 유학자들은 성리학적 유교 윤리를 더욱 강조했습니다. 임진왜란과 병자호란 등으로 혼란해진 신분제도와 사회질서를 유교 윤리를 내세워 안정시키고자 한 것입니다. 효와 충은 그 핵심이었습니다. 유학자들이 보기에 사육신은 유교 윤리에 따른 사회질서를 지킨 본보기였습니다. 여기에는 왕과 신하 사이의 관계처럼 사대부와 일반 평민들 사이에도 엄격한 구분과 지켜야 할 도리가 있다는 것을 일깨우고 싶은 마음이 작용했습니다.

　'두문불출' 이야기를 아나요? 고려 왕조에 대한 충성을 높이 평가하는 두문불출 이야기도 조선 후기에 나왔습니다. 1740년 영조는 개성 근처를 순행하다가 근처에 있던 부조현(不朝峴)이라는 마을에 대해 물었습니다. '부조'란 조정에 나아가지 않았다는 뜻으로 조선 초 태종 때 과거시험을 치렀는데 이곳에 살던 사람들이 고려 신하로 조선의 관리가 될 수 없다고 하여 응시하지 않은 데서 나온 이름이었습니다. '문을 걸어 잠그고 나오지 않았다'는 뜻의 두문불출(杜門不出)을 써서 이 동네의 이름을 '두문동'이라고 불렀던 것입니다.

　영조는 이들을 칭찬하고 직접 마을 이름을 쓴 비석을 세워주었다고 합니다. 영조가 취한 이 조치도 유교 윤리를 내세워 통치하려는 의도에서 비롯되었습니다. 신하는 한 임금을 섬겨야 한다는 윤리를 강조한 것이었습니다. 조선의 왕 입장에서 보면 두문불출한 사람들은 역적이나 마찬가지입니다. 그렇지만 조선 후기에 들어서 이들은 오히려 한 왕조만을 섬기는 충신의 상징이 되었습니다. 그래서 이후에 부조현에서 두문불출한 사람들의 이야기를 엮은 책이 나오기도 했습니다.

사육신과 두문불출 이야기는 역사적 사실의 성격이 무엇인지 잘 보여줍니다. 이들에 대한 평가가 달라진 것에서 알 수 있듯이, 일어난 역사적 사실은 하나이지만 이를 보는 관점은 반드시 하나가 아닙니다. 사람마다 다르게 볼 수 있고 시대에 따라서 바뀔 수 있습니다.

물론 오직 하나인 역사적 사실도 있습니다. 우리는 고려의 건국이 918년이라고 배웁니다. 고려 시대에도 그렇게 알았고, 조선 시대에도 그랬고, 지금도 마찬가지입니다. 이런 사실들은 하나라고 할 수 있겠죠. 그렇지만 역사적 사실을 보는 관점은 하나가 아닌 경우가 많습니다. 그래서 역사적 사실을 하나의 해석이라고 하죠. 다른 사례들을 통해 역사적 사실의 성격을 좀 더 살펴보기로 합시다.

02

역사 기록에는
글쓴이의 의도가 들어가요

죽음을 부른 역사 기록도 있어요

앞에서 역사의 평가는 시기에 따라 달라진다는 것을 보았지요? 물론 그 평가가 어떤 목적을 가지고 의도적으로 이루어진다는 점도 이해했을 것입니다. 그런데 우리는 그런 역사적 사실을 기록이나 유물을 바탕으로 만들어냅니다. 과거 사실의 기록이나 인간이 남긴 자취를 '사료'라고 합니다. 역사적 사실은 사료에서 알 수 있는 내용을 바탕으로 해석하거나 평가한 결과입니다. 그렇다면 이런 사료에는 의도성이 없을까요? '사료'라고 할 때 으레 떠오르는 역사 기록의 사례를 통해 살펴봅시다.

김종직은 조선 성종 때의 유명한 유학자였습니다. 학문의 수준이 높

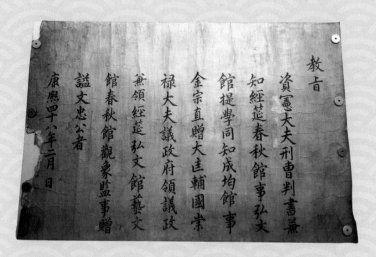

· 교지 ·

보물로 지정된 김종직에게 내려진 교지예요.

교지는 국왕이 신하에게 내리는 관직이나 토지 등을 적은 문서이지요.

김종직은「조의제문」에서 수양대군이 단종을 몰아내고

왕의 자리에 오른 후 단종을 죽인 사실을 비판했어요.

고 의리와 절개를 지켜 다른 학자들의 존경을 받았으며 많은 사람이 제자로 따랐습니다. 김종직은 성종 때 「조의제문(弔義帝文)」이라는 글을 썼습니다. '의제를 애도하는 글'이라는 뜻인데, 의제는 신하였던 항우에게 죽임을 당한 중국 초나라 왕입니다. 김종직은 「조의제문」을 통해 수양대군(세조)이 단종을 몰아내고 왕위에 오른 다음 단종을 죽이기까지 한 사실을 비판한 것입니다. 「조의제문」에 나오는 항우는 수양대군, 의제는 단종에 해당합니다.

김종직의 제자였던 김일손은 연산군 때 『성종실록』을 편찬하는 실록청에 근무했습니다. 김일손은 「조의제문」을 사초(史草)에 실었습니다. 사초는 실록을 쓰기 위해 미리 모아놓는 자료입니다. 김종직이나 김일손과 같은 사림을 못마땅해하던 일부 신하들은 이 사실을 연산군에게 알렸습니다. 연산군에게 세조는 증조할아버지입니다. 화가 난 연산군은 이 일과 관련된 많은 사람을 죽이거나 귀양을 보냈고, 관직에서 쫓아냈습니다. 「조의제문」을 쓴 김종직은 이때 이미 죽었기 때문에 관을 꺼내어 시신을 다시 죽이는 부관참시를, 이 글을 사초에 실은 김일손은 머리와 팔다리를 자르는 능지처참을 당했습니다. 이 사건을 1498년 무오년에 일어났다고 해서 '무오사화'라고 합니다.

역사가 기록된 상황에 따라 의도를 파악해요

　수양대군이 조카인 단종을 몰아내고 왕위에 오른 것이나 세조가 되어 시행한 통치에 대한 평가는 사람에 따라 상당히 차이가 있습니다. 하지만 연산군이 무오사화를 일으켜 많은 사람을 죽인 것은 대부분의 사람들이 비판합니다. 그렇지만 여기에서는 이 문제를 더 자세하게 따지지 않겠습니다.

　관심을 두고자 하는 것은 김일손이 왜 구태여 「조의제문」을 사초에 실었을까 하는 점입니다. 단순히 스승의 글이어서 그랬을 수도 있지만 반드시 그 이유 때문만은 아닐 것입니다. 김일손이 사초에 실은 김종직의 글은 이것뿐이니까요.

　김일손은 김종직과 마찬가지로 충의와 절의를 중시하는 유학자였습니다. 그런 김일손이 보기에 수양대군이 조카이지만 왕이었던 단종을 몰아내고 왕이 된 것이나 나중에 결국 단종을 죽인 행위는 역사에 꼭 기록해야 할 '잘못'이었을 것입니다. 이를 역사에 남김으로써 교훈을 얻고 유교 윤리로 사회를 유지해나갔으면 하는 마음이었을 것입니다.

　앞에서 말했듯이 사초는 실록을 쓰기 위해 만드는 기초 자료입니다. 김일손이 「조의제문」을 선택한 것에서 보듯이, 사초에 들어갈 역사적 사실이나 글을 택하는 데는 지난날 일어났던 일을 바라보는 관점이 들어갑니다. 때로는 뚜렷한 의도나 목적을 가지고 선택하기도 합니다. 김일손이 아니라 다른 사람이 담당자였다면 「조의제문」을 사초에 싣지 않았을지도 모릅니다. 역사적 사실뿐 아니라 역사 기록 자체도 의도성을 가지고 이루어지는 경우가 많은 것입니다.

그래서 우리는 사료(역사 연구에 필요한 문헌이나 유물)를 볼 때도 이런 점을 염두해야 합니다. 사료 내용의 진짜 의미는 무엇인지, 사료가 어떤 상황에서 만들어졌는지를 고려해야 합니다. 그래야 사료 내용을 역사적 사실로 바꿀 수 있으며 사료를 만든 사람의 의도를 파악할 수 있습니다.

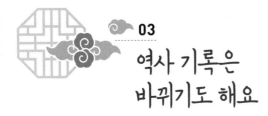

03

역사 기록은
바뀌기도 해요

두 번 편찬된 조선왕조실록도 있어요

　사초 이야기를 했으니까 조선왕조실록으로 넘어가 사료의 성격을 살펴보기로 하죠. 잘 알고 있듯이 조선왕조실록은 조선 시대 역사를 기록한 책입니다. 왕이 죽고 새로운 왕이 들어서면 이전 왕이 통치하던 시기의 역사를 정리하여 기록합니다. 이 과정에서 실록의 기초 자료인 사초는 왕이라도 볼 수 없다는 원칙이 있었습니다. 역사를 공정하게 기록하기 위해서였습니다. 무오사화 때 연산군이 사초를 본 것은 이런 원칙을 어겼다는 점에서 당시 사회에서도 비판받을 행위였습니다. 그래서이 사건 외에 사초에 쓴 글 때문에 일어난 사건은 없습니다. 연산군도 사초 전체를 본 것은 아니었습니다.

　조선왕조실록은 유네스코의 세계기록유산으로 선정되었습니다. 조선을 세운 태조부터 제25대 철종 때까지 472년간의 기록이 그대로 남아 있는 데다가 왕도 사초를 볼 수 없을 만큼 공정성을 갖추었다는 점을 인정받았기 때문입니다. 그렇다면 조선왕조실록은 의도가 들어가지 않은 사실 그대로일까요? 하지만 우리는 이미 앞에서 사초 자체에 의도성이 있는 경우를 보았습니다. 그렇게 쓴 사초의 내용은 그대로 조선왕조실록으로 이어질까요?

　조선왕조실록은 제1대 태조부터 제25대 철종까지 기록이므로 25차례 편찬되었어야 합니다. 그러나 실제로는 28차례 편찬되었습니다. 한

• 조선왕조실록이 보관된 오대산 사고 •

번 펴낸 실록을 다시 펴낸 경우가 세 차례 있었기 때문입니다. 『선조실록』, 『현종실록』, 『경종실록』이 그렇습니다. 그래서 다시 펴낸 실록은 『선조수정실록』, 『현종개수실록』, 『경종수정실록』이라고 합니다.

서인이 새로 만든 『선조수정실록』과 『현종개수실록』

『선조실록』은 선조가 죽고 다음 왕인 광해군 때 편찬되었습니다. 광해군 때 정권을 잡은 북인(조선 시대의 사색당파 중 하나. p54〈역사 속 현재〉 참조)은 자신과 관련된 사실을 좋게 쓰고, 반대파인 서인이나 남인을 비판하는 내용을 많이 담았습니다. 그러다가 서인이 반정을 일으켜 광해군을 몰아내고 인조를 왕위에 올렸습니다. 이후 서인은 물론 남인도 상당수 조정의 주요 관직에 등용되었습니다. 이들이 광해군 때 만들어진 『선조실록』이 문제가 있다고 비판하면서 새로 만든 것이 『선조수정실록』입니다. 자연히 『선조수정실록』에는 북인의 행위가 비판적으로 기록되고 서인이나 남인에 대한 내용은 긍정적으로 바뀌었겠지요.

『현종실록』과 『현종개수실록』은 현종의 다음 왕인 숙종 때 만들어졌습니다. 숙종 때는 서인과 남인이 번갈아 집권했습니다. 서인이 집권한 기간이 훨씬 길었지만 『현종실록』은 숙종 초 남인이 잠시 집권했을 때 만들었습니다. 권력을 되찾은 서인은 『현종실록』이 남인 주도로 만들어

져 서인이 부정적으로 서술
됐다고 비판하면서 실록을
새로 만들자고 주장했습니
다. 이에 따라 수정 편찬된
것이 『현종개수실록』입니다.

특히 서인과 남인은 현종
때 유교 예법을 왕실 장례에

· 경복궁 근정전 ·

적용하는 문제를 놓고 격렬하게 대립한 바 있습니다. 효종은 인조의 둘
째 아들이지만, 첫째 아들이었던 소현세자가 의문의 죽음을 맞이하면서
왕위에 올랐습니다. 인조의 둘째 아들로 왕위를 이어받은 효종의 장례
를 장남과 같은 예법으로 치러야 하느냐, 차남의 예법으로 치러야 하느
냐가 문제의 핵심이었습니다. 이를 '예송논쟁(禮訟論爭)'이라고 합니다.

남인은 효종이 차남이라고 하더라도 왕위에 올랐으므로 장남과 같은
절차로 치러야 한다고 했고, 서인은 중국의 제도에 따라 왕이더라도 차
남의 장례 절차를 따라야 한다고 주장했습니다. 예송논쟁은 현종 때 두
번 일어났는데, 첫 번째는 서인이, 두 번째는 남인이 이겨 권력을 장악
했습니다. 그러니 실록의 편찬을 주도한 세력의 입장에 따라 예송의 문
제가 『현종실록』과 『현종개수실록』에서 달리 서술되었음을 짐작할 수
있습니다.

노론의 명예회복을 위한 『경종수정실록』

경종은 1720년 7월부터 1724년 8월까지 불과 4년 정도만 왕의 자리에 있었습니다. 몸이 약해서 일찍 죽었기 때문입니다. 『경종실록』은 다음 왕인 영조 초기에 편찬되었습니다.

숙종의 아들인 경종과 영조는 배다른 형제입니다. 숙종이 죽은 다음 첫 번째 왕자인 경종이 세자의 자리에 올랐습니다. 장자가 세자가 된 것은 당연한 일이지요. 그런데 경종을 낳은 어머니인 장희빈은 왕비의 자리에 올랐지만 투기가 심하다는 이유로 희빈으로 강등되었다가 결국 사약을 마시고 죽은 인물입니다.

· 영조 어진 ·

이에 반해 영조는 원래는 '무수리'라는 낮은 신분의 궁녀였던 최숙빈과 숙종 사이에 태어난 왕자입니다. 장희빈이 사약을 마시고 죽은 후 노론은 경종이 왕위에 오르면 연산군 때와 같이 어머니의 복수를 하려고 할 수 있다면서 세자를 바꾸어야 한다고 주장했습니다. 경종 대신 영조를 세자로 해야 한다는 것이었습니다.

이에 반해 소론은 세자를 바꾸어서는 안 된다며 경종을 지지했습니다. 결국 경종은 세자의 자리를 유지하다가 왕이 되었습니다. 소론은 노론이 당시 세자였던 경종을 해치려고 했다는 이유를 들어 노론의 핵심 인물들을 죽였습니다. 이 사건을 '신임사화'라고 합니다. 영조 초에 만들어진 『경종실록』에는 이런 내용이 그대로 담겼습니다.

그러나 영조가 점차 왕권을 강화하면서 상황이 달라졌습니다. 영조를 지지했던 노론이 주도권을 잡게 된 것입니다. 노론은 『경종실록』의 내용이 잘못되었다면서 이를 바로잡아야 한다고 주장했습니다. 결국 영조가 죽고 정조가 왕이 된 다음 『영조실록』을 쓰면서 『경종실록』도 새로 쓰게 된 것입니다. 이것이 『경종수정실록』입니다.

『경종수정실록』은 노론 입장에서 소론을 비판하는 내용이 담겼습니다. 가장 크게 문제가 되었던 신임사화 부분을 달리 서술한 것은 당연하겠지요. 『경종실록』과 달리 『경종수정실록』에서는 신임사화를 소론이 거짓으로 꾸며낸 사건으로 서술했습니다. 자연히 그때 처형당한 노론의 주요 인물들의 명예도 회복되었습니다.

이처럼 객관적이고 공정하게 서술되었다는 조선왕조실록도 정치적 변화와 정치세력 간의 이해관계에 따라 달리 서술되는 경우가 종종 있었습니다. 그렇다고 이것이 기록으로서 조선왕조실록의 가치를 크게 떨어뜨리는 것은 아닙니다. 역사 기록은 어느 정도 이런 성격을 가지고 있으며 조선왕조실록은 여전히 다른 기록들에 비해 상대적으로 공정하다는 평가를 받고 있으니까요.

04
역사적 인과관계는
개연성이 있어야 해요

모든 이야기가 기록되는 것은 아니에요

　역사적 사실은 역사가의 해석과 평가의 산물임을 보았습니다. 기록을 위한 역사적 사실의 선택에도 편찬자의 관점이나 의도가 들어간다는 것을 확인했고요. 그렇다면 역사에서 다루는 지난날 일어났던 일 자체에는 인간의 의지가 들어가 있지 않을까요? 근대 역사학의 토대를 세운 것으로 평가받는 독일 학자 랑케(Leopold von Ranke)는 역사는 '있는 그대로' 써야 한다고 주장했습니다. 객관적 역사 서술을 강조한 것이지요. 과연 역사를 그렇게 쓸 수 있는지도 의문이지만, 과거에 일어난 일 자체가 '객관적'일 수 있는가 하는 점도 문제가 됩니다.

역사는 지난날의 이야기입니다. 그렇지만 과거에 일어났다고 해서 모두 '역사'가 되는 것은 아닙니다. 역사학이 다루는 것은 인간의 이야기입니다. 인간의 이야기라고 해서 모두 기록되지도 않습니다. 역사는 사회적으로 의미가 있는 인간의 이야기만을 다룹니다. 조선 시대에는 왕이 어디에 갈 때면 반드시 사관이 따라다녔다고 합니다. 왕의 행동 하나하나를 살피고 기록하기 위해서였지요. 하지만 왕의 모든 행동을 기록하지는 않았습니다. 사회적으로 가치가 있다고 판단되는 행동만 역사 기록으로 남겼습니다.

그런데 역사에서 다루는 과거의 사실은 인간의 행위이기 때문에, 거기에는 인간의 생각이 들어 있습니다. 당시 상황에 대한 인간의 판단, 행동의 동기, 행동의 결과로 얻으려는 목적 등이 복합적으로 작용합니다. 즉, 역사에서 다루는 사실은 의사 결정의 결과인 것입니다. 우리는 흔히 역사를 인과관계로 서술합니다. '이런저런 원인으로 이런 결과가 나타났다'라는 식입니다. 이것은 역사 서술의 기본입니다.

하지만 역사에서 원인과 결과 사이에는 필연성이 없는 경우가 대부분입니다. 원인이 같다고 하더라도 일어난 일이 반드시 같지는 않습니다. 원인과 결과를 이어주는 것이 인간의 사고이기 때문입니다. 그러기에 역사적 인과관계는 개연성으로 연결됩니다. 이해하기가 좀 어렵나요? 한 가지 예를 들어보겠습니다.

나라의 기틀을 다진 소수림왕의 '선택'

고구려는 제16대 고국원왕 때인 4세기 전반에 큰 어려움에 처하게 됩니다. 먼저 선비족이 세운 연(燕)나라의 공격을 받았습니다. 연과의 전쟁에서 고구려의 도읍인 환도성이 함락되었으며 고국원왕의 어머니와 왕비가 붙잡혀 연나라로 끌려갔습니다. 연나라는 각종 보물을 약탈하고 궁궐을 불태웠으며 고국원왕의 아버지이자 전 왕이었던 미천왕의 무덤도 파서 시체를 싣고 갔습니다. 남녀 5만여 명의 고구려인도 사로잡혀 끌려갔습니다. 고국원왕의 어머니는 이로부터 무려 13년이 지난 다음 고구려로 돌아올 수 있었습니다.

이어 나라의 힘을 키우려고 노력했던 고국원왕은 남쪽에서 공격해 온 백제와 싸우다가 전사하고 말았습니다. 전투 중에 백제군이 쏜 화살에 맞은 것입니다. 고국원왕이 전사하는 바람에 태자였던 소수림왕은 갑자기 왕위에 올랐습니다.

소수림왕은 이런 위기에 어떻게 대처했을까요? 여러분이 소수림왕이라면 어떤 대책을 세우겠습니까?

소수림왕이 선택한 방법은 우선 나라 안의 기틀을 다지는 것입니다. 소수림왕은 불교를 받아들여 사상을 통일하고 왕권을 안정시켰습니다. 태학을 세워 귀족 자제를 교육함으로써 인재를 키웠습니다. 이어 오늘날의 법률에 해당하는 율령을 반포하여 나라를 다스리는 데 필요한 제도를 정비했습니다. 전쟁을 전혀 하지 않은 것은 아니지만, 이보다는 나라의 기반을 다져 국력을 기르는 데 힘쓴 것입니다.

이런 정책으로 고구려는 안정을 되찾았습니다. 고구려는 소수림왕 때 다진 국가의 기틀을 발판 삼아 광개토대왕과 장수왕이 본격적인 대외팽창 정책을 추진함으로써 전성기를 맞이하였습니다. 이런 서술이 고구려의 전성기를 설명하는 일반적인 방식입니다.

그런데 소수림왕이 취할 수 있는 정책은 하나가 아닙니다. 연나라나 백제와의 전투에서 패해 수모를 겪은 것이 군사력이 약하기 때문이라고 생각했다면 군사력을 기르는 것이 시급하다고 판단했을 것입니다. 당시 중국에 존재하고 있던 나라나 민족과 외교 관계를 강화해서 연의 위협을 막는 정책을 세웠을 수도 있습니다.

내정을 안정시키고 통치의 기틀을 굳건히 하는 것은 소수림왕을 비롯한 당시 고구려 지배층의 판단입니다. 따라서 우리가 알고 있는 고구려 역사는 일어날 수 있는 여러 결과 중 하나이지요. 이처럼 원인과 일어난 일을 연결해주는 것이 개연성입니다. 개연성은 역사적 인과관계의 특징입니다.

05

역사적 사실은
공정하게 써야 해요

사마천의 『사기』는 황제를 비판했어요

　역사가 이처럼 과거 행위자의 판단과 역사가의 해석 결과라면 역사적 사실은 객관적일 수 없을까요? 역사 서술에서 객관성을 따지는 것은 가치가 없는 일일까요? 역사적 사실의 객관성과 주관성은 역사 이론의 커다란 주제여서 여기에서 그 이야기를 소개한다고 하더라도 확실한 결론을 내릴 수는 없을 것입니다. 다만 아마도 대부분의 역사가에게 질문하면 여전히 '역사적 사실은 어느 정도 객관성을 가지고 있다'라고 대답할 것입니다. 자신이 쓴 역사가 객관적이거나 공정하다고 할 테니까요.

이는 단순히 말로만 그런 것이 아니라 실제로 역사가들이 가졌던 자세이기도 합니다. 자신의 주관적 관점으로 역사를 기록하겠다고 나선 사람은 없었습니다. '객관적'이라고 강조하기 어렵다면 '공정하다'라고 주장할 것입니다. 공정성의 기반이 되는 것은 비판 정신입니다. 옛날의 역사가들에게서 이런 공정성의 태도를 찾아볼 수 있습니다.

중국에서 가장 오래된 역사책 중 하나는 한나라의 사마천이 쓴 『사기』입니다. 『사기』는 한나라 때 나온 것으로 정통적인 역사 체계에 의해 쓰인 정사(正史)로서는 가장 오래된 책입니다.

사마천은 역사책을 쓰기 위해 중국은 물론 주변 국가에서 자료를 꾸준히 모았습니다. 『사기』는 원래 사마천의 아버지인 사마담이 쓰기 시작한 것입니다. 그렇지만 얼마 쓰지 못하고 아버지가 죽었습니다. 아버지는 유언으로 사마천에게 『사기』를 완성해달라고 부탁했습니다. 아버지의 유언대로 사마천은 『사기』를 쓰는 데 열중했습니다.

그런데 문제가 생겼습니다. 당시 한나라는 흉노족과 계속 대립했습니다. 흉노의 세력은 만만치 않아서 한나라는 힘든 전투를 계속했습니다. 기원전 99년 이릉이라는 한나라 장수가 흉노와 싸우다가 전세가 불리해지자 항복했습니다. 사마천은 이릉이 흉노에게 포위된 상태에서 부하들을 살리기 위해 항복한 것이라고 변호하다가 황제의 노여움을 샀습니다.

그래서 사마천은 목숨을 잃는 사형과 생식기를 자르는 궁형(宮刑) 중

· 『사기』 ·

『사기』는 중국 한나라의 사마천이 상고 시대부터 전한 무제까지

역대 왕조에서 일어난 일을 엮은 역사책이에요.

사마천은 이 책을 쓰기 위해 생식기가 잘리는 궁형도 마다하지 않았어요.

에서 선택해야 했습니다. 사마천이 선택한 것은 궁형이었습니다. 사마천이 궁형을 선택한 것은 『사기』를 완성하기 위해서였습니다. 역사를 쓰는 것을 자신이 해야 할 가장 커다란 임무로 본 것입니다.

『사기』는 기전체(紀傳體)로 쓰였습니다. 기전체의 '기'는 '본기(本紀)'로 황제와 관련된 내용입니다. '전'은 위인이나 유명한 인물들의 전기에 해당하는 '열전'입니다. 기전체는 그 밖에 제후와 관련된 사실을 기록한 '세가', 사회와 자연현상을 내용별로 분류한 '지', 그리고 '연표'로 구성됩니다.

이 중 『사기』는 무엇을 중심으로 썼을까요? 황제의 이야기인 본기일 것 같지요? 아닙니다. 『사기』에서 가장 많은 내용을 차지하는 것은 열전입니다. 더구나 『사기』에는 황제에 대한 비판적인 이야기가 많이 들어 있습니다. 그 이유를 궁형에 처한 것에 대한 반감으로 설명하기도 합니다. 그렇지만 당시 사회에서 황제를 비판하는 것은 엄청난 용기를 필요로 하는 일인 것만은 분명합니다. 그리고 이런 비판 정신은 지난날 역사가들이 가졌던 기본적인 관점이기도 합니다.

헤로도토스는 '전해지는 것'을
그대로 전하려고 했어요

유럽에서 가장 오래된 역사책 중 하나인 헤로도토스(Herodotus)의 『역사』에도 객관적이고 공정하게 서술하려는 역사가의 태도가 나타납니다. 헤로도토스는 자신이 직접 보고 들은 것뿐 아니라 다른 사람에게 전해 들은 이야기를 토대로 『역사』를 썼습니다. '전해지는 것을 그대로 전하는 것'이 헤로도로스가 생각하는 역사 서술의 원칙이었습니다.

그러나 글을 쓰는 데 자신의 생각이 들어가지 않을 수 없었습니다. 그래서 보고 듣거나 전해 들은 이야기와 자신의 생각을 구분했습니다. 그리고 왜 그렇게 생각했는지 이유를 덧붙이기도 했습니다.

· 헤로도토스 ·

역사적 사실은 역사가가 해석한 결과이지만, 그렇다고 마음대로 해석해도 괜찮다는 뜻은 아닙니다. 역사가는 역사적 사실을 가급적 공정하게 서술하도록 노력해야 합니다. 역사적 사실은 과학이 탐구하는 객관적 진리와 다릅니다. 하지만 역사적 행위를 평가할 때 공정성을 잃어서는 안됩니다. 이것이 역사적 사실의 객관성입니다.

일상의 기록이
역사가 되기도 해요

일기로 역사적 사실을 읽기도 해요

    사람들이 일상생활에서 적는 대표적인 기록이 일기일 것입니다. 일기는 하루하루 생활을 기록한 글입니다. 그러기에 일기를 보면 쓴 사람의 생활 모습과 생각을 자세히 알 수 있습니다. 그렇다면 과거 사람들이 남긴 일기의 내용도 역사적 사실이 될 수 있지 않을까요? 물론 그런 경우가 있습니다.

    조선 후기 영조 때부터 국왕의 동정과 정치 활동을 기록한 『일성록(日省錄)』은 일종의 일기입니다. '일성(日省)'이라는 말은 '매일매일 살핀다'라는 뜻이므로 일기를 전형적으로 표현한 말이라고 할 수 있습니다. 원래 정조가 세자이던 시절 개인적으로 쓰던 일기였는데 정조가 왕이 된 다음부터는 공식적으로 나라의 일을 적는 일기가 되었습니다.

정조가 쓴 『일성록』은 나라의 기록이 되었지만 보통 개인이 쓴 일기 내용을 곧바로 '역사적 사실'로 받아들이지는 않습니다. 쓴 사람이 취사 선택한 데다가 개인적인 생각이나 관점이 워낙 강하게 들어간 것이기 때문입니다. 그래서 일기는 많은 역사학자에게 별로 주목받지 못했습니다. 그런데 근래 옛날 일기들이 역사적 사실을 전해주는 자료로 새삼 많은 관심을 끌고 있습니다.

일기가 보여주는 조선 시대 사람들의 생활

현재 조선 시대 사람들이 쓴 일기가 상당수 남아 있습니다. 이 중 『미암일기』와 『쇄미록』은 고등학교 일부 한국사 교과서에도 소개되었습니다. 이들 일기는 조선 시대의 어떤 사실들을 알려줄까요?

『미암일기』는 선조 때 참판(육조에 속한 종2품 벼슬)을 했던 유희춘이 1567년부터 1577년까지 10년간 쓴 일기로 '미암'은 유희춘의 호입니다. 『미암일기』에는 유희춘 자신은 물론, 가족이나 집안 이야기 등 일상생활이 나옵니다. 유희춘의 관직 생활, 살림살이, 가족과 가정생활, 재산 상황 등이 적혀 있습니다.

부부간의 갈등도 엿볼 수 있습니다. 조선 중기 높은 지위에 있는 양반들이 첩을 두는 일이야 흔한 풍조이지만, 그렇다고 부인들이 이를 그대로 받아들이지는 않았습니다. 이런 갈등은 자연히 부부싸움으로 이어졌겠죠. 높은 벼슬을 한 양반집도 남편과 아내의 관계는 여느 집안과

· 『미암일기』 ·

별 차이가 없어 보입니다. 이처럼 『미암일기』를 보면 가족 간의 관계나 집안의 살림살이를 자세히 알 수 있습니다.

『쇄미록』은 오희문이 1591년부터 1601년까지 쓴 일기입니다. 오희문의 아들 오윤겸은 인조 때 최고 관직인 영의정의 자리에 올랐지만 오희문 자신은 벼슬을 한 적이 없습니다. 오희문은 임진왜란이 일어나자 산속으로 도망쳐 전쟁을 피하기도 하고 이리저리 옮겨 다니는 등 양반인데도 생활이 매우 어려웠습니다. 전쟁 중에는 아는 수령의 도움으로 환곡(흉년이나 춘궁기에 곡식을 빌리고 다시 갚는 제도. 또는 그 곡식)을 얻어다가 생활할 정도로 궁핍했지요. 그래서 『쇄미록』을 보면 임진왜란이 일반 사람들의 생활에 어떤 영향을 주었는지를 짐작할 수 있습니다. 전쟁의 전개 과정이나 직접적 영향보다는 전쟁 당시 사회와 사람들의 생활을 엿볼 수 있습니다. 『쇄미록』에는 그밖에 오희문이 농사를 짓거나 노비

를 부리고, 놀고, 나들이를 떠나는 등 일상적인 모습들도 나옵니다.

일기로 어떤 역사적 사실을 알 수 있을까요?

우리는 일기에 나타난 개인의 생활과 고민을 통해 역사적 사건이나 제도가 개인의 삶에 어떻게 연결됐는지 알 수 있습니다. 그것은 조선왕조실록과 같은 국가의 역사책이 전하는 일반적인 국가사나 사회사에서 찾아보기 어려운 역사적 사실입니다. 일기를 읽다 보면 교과서와 같은 역사책에 써 있는 사람들의 처지와 실제 생활 사이에 상당한 차이가 있다는 생각이 듭니다.

예컨대 우리는 조선 시대 노비를 '재산'과 같이 취급되는 사람들이라고 배웁니다. 이 때문에 노비는 주인이 아무렇게나 대해도 괜찮은 존재라는 인상을 받게 됩니다. 그렇지만 일기에 나오는 노비와 주인의 관계는 꼭 그렇지 않았습니다.

『쇄미록』에 나오는 한 사례를 들어보겠습니다. 1595년 5월 18일에 오희문은 '한복'이라는 이름의 노비를 시켜서 밭에 찰수수를 한 되 심게 했습니다. 그런데 겨우 한 두둑을 심었는데 벌써 씨가 부족했습니다. 오희문은 이렇게 된 것이 한복이 씨를 훔쳐다가 자기 밭에 심었기 때문일 것이라고 일기에 적었습니다. 이런 일이 처음은 아니었나 봅니다.

• 「벼타작」 •

이 그림은 김홍도의 『단원풍속도첩』 중 하나로, 한가롭게
누워 있는 마름(땅 주인 대신 땅을 관리하는 사람)과
열심히 일하는 일꾼들이 대조를 이루고 있어요.

이전에도 오희문의 논밭에 씨를 뿌린 사람은 모두 한복인데 모가 나는 것이 드물었다고 합니다. 그 원인도 한복이 씨를 훔쳐 갔기 때문이라고 오희문은 추측합니다.

그렇다면 오희문은 한복을 어떻게 처리했을까요? 당연히 노비인 한복을 족쳐서 자백을 받아냈을 것이라고 짐작할 것입니다. 그렇지만 오희문이 그렇게 처리했다는 기록은 없습니다.

『쇄미록』에는 노비가 일을 게을리해서 매를 때렸다는 기록도 있습니다. 그렇지만 이번 일의 경우는 그냥 분하다는 감정만을 표현하고 있을 뿐입니다. 오희문의 일기를 보면 노비의 잘못을 알고 처리를 고심하기도 하고, 때로는 모르는 척하는 경우도 많습니다. 노비를 엄히 단속하다가도 적당히 풀어주기도 합니다.

그런데도 노비는 종종 도망갑니다. 하긴 노비를 그렇게 아무렇게나 대하기만 했다면 노비 제도가 긴 기간 유지되기 어려웠을 것입니다. 노비는 사고팔 수 있고 자식에게 물려줄 수도 있는 재산과 같은 존재라는 것이 공적 기록의 역사적 사실이라면 이처럼 양반은 노비에게 적당히 '밀당'하듯 대했다는 것이 일기와 같은 개인 기록이 전하는 역사적 사실입니다.

07
역사적 사실과 평가는
상호작용하기도 해요

이순신을 '영웅'으로 추켜세운 류성룡의『징비록』

『쇄미록』을 통해 임진왜란이 일반 사람들에게 미친 영향을 짐작할 수 있다고 했죠. 이것이 임진왜란의 역사적 사실입니다. 그런데 임진왜란 하면 떠오르는 인물이 있지요? 두말할 것 없이 이순신일 것입니다. 이순신은 세종대왕과 함께 한국인이 가장 '존경하는' 인물입니다.

탁월한 지략으로 전쟁을 승리로 이끈 지휘관, 나라를 위해 자기 자신을 바친 희생과 작은 개인적 이익도 챙기지 않은 청렴결백한 관리, 부모에게 지극한 정성을 다하는 효자 등 우리가 생각할 수 있는 이상적인 인간상을 모두 갖춘 인물이 이순신의 이미지입니다. 여기에서 이순신

• 「사천해전도」 •

류성룡은 이순신을 갑옷과 투구를

벗은 적이 없을 정도로 엄격하고 전투마다

탁월한 지략으로 승리한 영웅으로 높이 평가했어요.

오른쪽 아래에 상처 부위를 만지고 있는 사람이 이순신이에요.

이 어떤 인물인지 다시 살펴려는 것은 아닙니다. 다만 이순신을 이처럼 나라를 위기에서 구한 영웅으로 보는 것도 하나의 '역사적 사실'이라는 점을 지적해두기로 하겠습니다.

그런데 이런 역사적 사실은 언제 만들어졌을까요? 이순신의 이미지를 '역사적 사실'로 만드는 데 큰 역할을 한 책이 류성룡이 쓴 『징비록』입니다. 류성룡은 근래 많은 사람들의 관심을 끄는 인물입니다.

2015년에는 「징비록」이라는 제목으로 임진왜란을 다루는 드라마가 방영됐습니다. 제목에서 알 수 있듯이 『징비록』은 임진왜란을 기록한 책입니다. 류성룡은 임진왜란 당시 영의정으로 실제로 전쟁을 총지휘했습니다.

『징비록』은 전쟁이 끝난 다음 류성룡이 그때의 일을 기록한 것입니다. '징비(懲毖)'라는 말은 '지난 일의 잘못을 따져서 나중에 그런 일이 일어나지 않도록 경계한다'는 뜻입니다. 이것이 류성룡이 『징비록』을 쓴 이유이기도 합니다.

류성룡은 『징비록』에서 이순신을 매우 높이 평가했습니다. 『징비록』 본편 마지막 두 장은 이순신의 출신과 성품에 대한 내용입니다. 여기에서 류성룡은 이순신이 어렸을 적부터 영리하고 호탕했다고 소개합니다. 전쟁터에 있을 때는 밤낮으로 갑옷과 투구를 벗은 적이 없을 정도로 엄중하게 경계하고 전투마다 승리를 거두었음을 강조합니다. 이순신이 가진 재능의 백 분의 일도 펼치지 못하고 죽었다고 평가하면서 애석해합니다. 마지막 장은 "여러 장수들이 이순신을 신으로 여겼다."라는 말로 끝맺습니다. 『징비록』은 이순신이 나라를 구한 영웅으로 자리매김하는 데 큰 역할을 했고, 이로써 '이순신은 나라를 구한 영웅'이라는 이미지가 역사적 사실이 된 것입니다.

류성룡은 자신의 행동을 합리화했어요

사람들이 『징비록』의 내용을 설득력 있다고 받아들인 것은 류성룡이 영의정이었기 때문일 것입니다. 류성룡은 최고 관직인 영의정의 자리에 있었기 때문에 전쟁의 과정이나 결과에 대해 책임져야 했습니다. 그래서 『징비록』에는 류성룡이 전쟁과 관련된 문제를 효율적으로 처리했음을 보여주는 내용이 여러 군데 들어 있습니다.

서문에서 류성룡은 '나같이 못난 사람이 나라의 중책을 맡아 위기를 바로잡지 못하고 나라가 무너지는 것을 떠받치지 못하였으니 그 죄는 죽어도 용서받지 못할 것이다.'라고 스스로를 지극히 낮추었습니다. 하지만 실제 책에서는 오히려 자신이 나라의 어려움을 효과적으로 처리했음을 보여주고자 했습니다. 류성룡은 이순신을 극도로 높이 평가함으로써 자신의 현명함을 더욱 내세울 수 있었습니다. 조선은 이순신 때문에 위기에서 벗어날 수 있었으며 그런 이순신을 발탁한 인물은 류성룡이라는 것이지요.

임진왜란이 일어나기 직전 이순신은 류성룡의 천거로 전라 좌수사(조선 시대 좌수영의 정3품직으로 각 도의 수군(해군)을 지휘하던 절도사)가 되었습니다. 정유재란(임진왜란 후 화의가 결렬되자 1597년 재차 왜군의 침입을 받은 전쟁) 당시 이순신이 조선에 상륙하는 일본군 장수 가토 기요마사를 공격하지 않았다는 이유로 투옥되었을 때도 자신은 이순신을 옹호했다는 맥락으로 글을 썼습니다. "이순신을 추천한 것이 원래 나였기에, 나를 기꺼워하지 않는 자들은 원균과 협력하여 극력으로 이순신을 공격하였다."라고 한 것입니다. 조선왕조실록에는 이때 류성룡도 이순신을 처벌해야 한다고 공격한 것으로 기록되어 있지만, 『징비록』에는 그런 내용이 나오지 않습니다. 이런 이유로 오늘날 류성룡은 이순신의 후견인으로 자리매김하고 있습니다.

드라마 제목을「징비록」으로 할 만큼 오늘날 한국 사회에서 류성룡을 보는 이미지는 긍정적입니다. 동인과 서인, 남인과 북인이라는 붕당 간의 대립에서 류성룡이 온건한 입장을 취했던 것도 그 원인이겠지만, 무엇보다도 이순신의 후견인 역할을 했기 때문일 것입니다. 류성룡은 '이순신은 임진왜란의 영웅'이라는 역사적 사실을 만들어냈고 그 역사적 사실은 '류성룡은 나라의 위기를 잘 대처한 정승'이라는 역사적 평가를 만든 것입니다. 이처럼 역사적 사실은 역사 평가와 상호작용합니다.

'역사(歷史, history)'라는
말은 무슨 뜻일까요?

　'역사'라는 말의 의미는 무엇일까요? '역사'를 한자로 쓰면 '歷史'입니다. '지나간 일'이라는 뜻입니다. 그렇지만 역사가 단순히 지난날의 일이 아님은 이미 앞에서 이야기했습니다. 옛날에는 역사를 단순히 '사(史)'라고 표기했습니다. 그런데 '史'의 뜻을 설명하면서 으레 후한 때 허신이라는 사람이 지은 『설문해자(說文解字)』에 나오는 뜻을 소개합니다. 『설문해자』는 '글을 설명하고 글자를 해석한다'라는 뜻으로 가장 오래된 한자 사전이라고 할 수 있습니다.

　이 책에는 '사'의 의미를 '사 기사자야 종수지중 중정야(史 記事者也 從手持中 中正也)'라고 풀이합니다. 곧 '사는 일을 기록하는 사람이다. 손에 '중(中)'을 가지고 있는데 중은 정확해야 한다.'라는 뜻입니다. 그러니까 '사(史)'라는 글자는 역사를 기록하는 사람, 즉 사관을 뜻하는데 사관은 정확하게 기록해야 한다는 것입니다. '사'라는 글자가 사관을 뜻했다는 것에는 이중적인 의미가 있습니다. 즉, 역사는 사관에 의해 기록되는 것이라는 의미, 그리고 올바르게 기록되어야 한다는 의미입니다.

역사에 해당하는 영어 단어는 'history'입니다. 그런데 근대 역사학의 체계를 처음 세운 독일에서는 'geschichte'라고 합니다. 이 단어들은 두 가지 의미가 있습니다.

첫째는 '지난날 일어난 일'이라는 뜻입니다. 'geschichte'는 'geschehen (일어나다)'의 명사형입니다. 즉, 지난날 일어난 일이라는 뜻입니다. 그런데 'history'의 의미는 원래 탐구였습니다. 역사가가 연구해서 밝혀낸 사실이 'history'입니다. 역사는 '지난날 일어난 일'과 '역사가가 연구해서 밝혀낸 사실'이라는 두 가지 의미가 있는 것입니다.

한국에 널리 알려진 영국의 역사학자 카(E. H. Carr)는 역사를 '과거와 현재의 대화'라고 했습니다. 여기에서 '과거'와 '현재'란 무엇일까요? 카가 말하는 '과거'는 사료, '현재'는 역사가로 생각할 수 있습니다. 역사가는 사료를 보고 과거의 사실을 밝히지만 단순히 사료 내용을 옮기는 것이 아니라 거기에 자신의 생각을 집어넣습니다. 반대로 말하면 역사가는 자신의 생각을 바탕으로 역사를 쓰지만, 그 역사는 사료를 토대로 해야 합니다. 이것이 과거와 현재의 대화입니다. 그렇지만 카는 사료보다는 역사가가 더 중요한 역할을 한다고 생각했습니다. 역사적 사실은 역사가의 해석임을 강조한 것입니다.

붕당과 정당은 같을까요, 다를까요?

• • •

이 장에서 몇 차례 조선 시대 정치 이야기가 나왔죠. 조선 시대를 소재로 하는 텔레비전 사극을 보면 관리들이 편을 갈라서 권력 다툼을 벌이는 장면을 흔히 볼 수 있습니다. 이런 조선 시대 정치집단을 '붕당'이라고 합니다. 그런데 오늘날의 정당들도 정권을 잡기 위해 서로 경쟁을 하죠? 그렇다면 조선 시대 붕당은 오늘날의 정당과 같은 성격일까요?

붕당이 처음 나누어진 직접적 계기는 선조 때 이조 정랑이라는 관직을 둘러싼 갈등 때문이었습니다. 이조 정랑은 조선 시대 관리의 인사 업무를 담당하는 이조의 직책입니다. 높은 직책은 아니지만 나라의 정책에 의견을 올리거나 높은 관리들의 잘못된 행동을 비판하는 언관을 뽑는 중요한 자리였습니다. 그래서 권력을 가진 사람의 손에 좌우되지 않도록 전임자가 후임자를 추천하는 방식으로 이어졌습니다.

선조 때 김효원이라는 사람이 이조 정랑에 천거되자 심의겸이 반대하였습니다. 심의겸의 반대에도 김효원은 이조 정랑의 자리에 올랐습니다. 그런데 김효원이 이조 정랑에서 물러날 때 심의겸의 동생인 심충겸이 후임자로 물망에 올랐습니다. 그러나 김효원은 심충겸을 이조 정랑에 추천하려고 하지 않았습니다.

결국 심충겸은 이조 정랑이 되지 못했습니다. 이 때문에 심의겸과 김효원 사이의 갈등은 더욱 깊어졌습니다. 조정의 관리들도 두 집안 중 어느 한 편을 지지하는 사람이 많아져 무리를 이루게 되었습니다. 김효원의 집이 서울 동편에 있어서 이를 지지하는 무리를 동인, 심의겸의 집이 서편에 있어서 이를 지지하는 무리를 서인이라고 했습니다.

동인은 서인에 대한 강경파와 온건파로 나뉘었습니다. 동인 중 서인

• 송강 정철 / 정철 신도비 •

에 대한 강경파를 북인, 온건파를 남인이라고 합니다. 북인은 광해군을 왕위에 오르게 했습니다. 그래서 광해군 때 권력을 잡을 수 있었습니다. 그러나 광해군이 인조반정으로 쫓겨난 다음 서인이 권력을 잡았습니다. 이후 서인은 남인과 손을 잡고 권력을 유지했습니다.

그러나 서인과 남인 사이에도 점차 권력 다툼이 일어났습니다. 이 다툼은 숙종 때 가장 치열했습니다. 서인과 남인은 번갈아 권력을 잡았습니다. 서인이 권력을 잡았을 때, 남인을 완전히 몰아내자는 강경한 입장을 가진 사람들과 이에 반대하는 사람들로 갈렸습니다. 남인에 대한 강경론자를 노론, 온건론자를 소론이라고 합니다. 노론과 소론, 남인, 북인을 '사색당파(四色黨派)'라고도 합니다.

그렇지만 붕당이 권력을 차지하려고 싸우는 데만 힘쓰고, 모함이나 힘으로 상대방을 몰아내기만 한 것은 아닙니다. 조선 시대 양반들 사이에서는 학문하는 자세, 유교 정신의 해석, 유교 이념을 현실정치에 적용하는 방법에서 생각의 차이가 있었습니다.

예를 들어 어떤 사람은 학자라면 기본적으로 학문에 열중해야 한다고 생각했지만, 어떤 사람은 학문은 사회에 실천할 수 있을 때 더 가치가 있다고 보았습니다. 임진왜란과 같이 나라가 위기에 처했을 때는 직접 나가서 싸우는 것을 학자의 도리로 여긴 사람이 있는가 하면 학문하는 사람은 직접 싸우는 것보다는 다른 사람을 일깨우는 데 일차적인 사명이 있다고 생각한 사람도 있었습니다.

• 이황/이이 •

이러한 학문적 차이가 붕당을 형성한 중요한 요인이었습니다. 그러니까 붕당은 정치적 입장뿐 아니라 학문적 견해의 차이로 갈라지게 된 것입니다. 현대의 정당은 정치적인 생각이나 주장이 비슷한 사람들이 모여서 조직합니다. 정당에 속한 사람들은 권력을 잡고 정책을 통해 자신들의 생각을 사회에 실천하려고 합니다. 학문을 배경으로 하지 않으며 특정 인물을 중심으로 운영되지 않는다는 점에서 조선 시대 붕당과는 차이가 있습니다.

유학자들의 지지를 얻으면 되었던 붕당에 비해 대중의 지지를 얻고자 한다는 점도 다릅니다. 그러나 현대의 정당들도 정책보다는 선거 때 표를 얻는 데만 관심이 있으며, 유력한 특정 정치인에 의존한다는 비판을 받기도 합니다. 정당의 성격이 본질적으로 붕당과 다른데도 비슷하게 느껴지는 이유입니다.

chapter
02

누가, 왜 역사를 기록했을까요?

역사책이 국가의 요구에 의해서만 발행되는 것은 아닙니다. 많은 사람이 개인적으로 역사를 기록하거나 역사책을 썼습니다. 사람들이 역사를 알아야 한다고 생각한 것은 모두 마찬가지였습니다.

그렇지만 왜 역사를 알아야 하는지에 대한 생각은 같지 않을 것입니다. 이들이 쓴 글이나 책에는 역사를 바라보는 생각이 들어가 있을 것입니다. 그리스 역사학자 헤로도토스와 인도의 독립 운동가 네루, 우리나라의 독립 운동가 신채호 등을 통해 역사가들은 왜 역사를 알아야 한다고 생각했는지 살펴보도록 할까요?

01
역사는 탐구하는 것이라고 생각한 헤로도토스

왜 헤로도토스를 '역사학의 아버지'라고 부를까요?

　현재 남아 있는 가장 오래된 우리나라 역사책은 고려 때 김부식이 쓴
『삼국사기』이지만, 고구려, 백제, 신라 삼국은 모두 역사책을 만들었습
니다. 조선 시대에 들어와서는 고려의 역사를 기록한 『고려사』와 『고려
사절요』를 편찬했으며 조선왕조실록을 비롯하여 여러 종의 역사 기록
물들이 남아 있습니다.

　물론 우리나라뿐 아니라 다른 나라에서도 역사를 기록했습니다. 중
국에서는 우리보다 일찍 한나라 때 사마천이 『사기』를 썼다는 것을 앞에
서 살펴보았죠. 후한 때 반고는 한나라 역사를 기록한 『한서』를 썼습니

다. 이후 중국에서는 왕조가 바뀔 때마다 역사를 기록해 편찬했습니다.

세계에서 가장 먼저 문명을 건설한 서아시아의 수메르인이 점토판에 기록한 글들이 남아 있습니다. 유럽에서도 고대 그리스나 로마 때 역사책을 편찬했습니다. 그중 손꼽히는 책이 헤로도토스의 『역사』입니다.

로마의 유명한 정치가이자 철학자인 키케로(Marcus Tullius Cicero)는 헤로도토스를 '역사학의 아버지'라고 했습니다. 이후 이 말은 헤로도토스를 소개할 때 으레 언급하는 표현이 되었습니다. 키케로는 왜 헤로도토스를 '역사학의 아버지'라고 부른 것일까요? 『역사』가 세계에서 과거의 사실을 기록한 가장 오래된 책이기 때문일까요? 물론 『역사』는 오래된 역사책 중 하나입니다. 그렇지만 그 이전에도 기록은 있었습니다. 그렇다면 왜 헤로도토스가 역사학의 '아버지'가 된 것일까요?

『역사』의 주된 주제는 페르시아 전쟁입니다. 페르시아 전쟁은 기원전 492년부터 기원전 448년까지 그리스와 페르시아 간에 벌어진 전쟁을 말합니다. 『역사』의 첫머리에 헤로도토스는 이 책을 쓰게 된 이유를 다음과 같이 밝히고 있습니다.

이 책은 할리카르나소스(소아시아 남부 지역) 출신의 헤로도토스가 인간 사회에서 일어난 사건이 시간이 흘러감에 따라 잊혀 가고 그리스인과 이방인이 이룬 놀라운 위업들, 특히 양자가 어떤 원인에서 전쟁을 하게 된 사정을 세상 사람들이 알지 못하게 될 것을

• 「테르모필레 전투」 •

페르시아 전쟁은 그리스와 페르시아 간에 벌어진 전쟁을 말해요.

페르시아는 테르모필레 전투에서 스파르타와 아테네가 주도한

그리스 연합군을 무찌르고 그리스 대부분을 장악했어요.

하지만 이후 벌어진 살라미스 해전에서

그리스 연합군이 페르시아 군을 물리쳤어요.

우려하여 스스로 연구·조사한 바를 서술한 것이다.

헤로도토스의 『역사』는 페르시아 전쟁의 전개 과정만이 아니라 관련된 국가나 종족의 풍속과 관습, 제도, 전쟁의 무대가 된 지역의 지리적 정보 등을 광범위하게 담고 있습니다. 이 책에 나오는 지역은 그리스와 페르시아는 물론, 오늘날의 에스파냐와 포르투갈이 있는 이베리아 반도, 이집트, 중앙아시아 남부까지 광대합니다.

'이집트는 나일강의 선물'

헤로도토스는 역사책을 쓰기 위해 해당 지역을 몇 차례에 걸쳐 10여 년간 여행했습니다. 헤로도토스가 여행한 지역이 어디인지는 정확하지 않지만, 오늘날의 서아시아, 동유럽, 남유럽, 이집트 북부 등 매우 넓은 지역이었을 것으로 추측됩니다. 헤로도토스는 여행 등을 통해 자신이 직접 보고 들은 사실과 수집한 자료, 그리고 사회에 전해지거나 다른 사람에게 들은 이야기를 종합하여 『역사』를 썼습니다. 헤로도토스는 자신이 직접 보고 들은 이야기들을 쓸 때 가급적 확인을 거쳤습니다. 그렇지만 그렇게 넓은 지역에 걸쳐 생활하는 다양한 사람들의 역사와 생활을 직접 확인하기는 어려웠을 것입니다. 더구나 오늘날과 같이 교통,

통신 수단이 발달했을 때도 아니었으니까요. 그래서 『역사』의 많은 내용은 전해 들은 사실입니다.

헤로도토스는 이런 사실들에 대해서 자신의 견해를 덧붙였습니다. 그리고 읽는 사람에게도 믿을 수 있을지를 생각해보도록 하였습니다. 자신이 들은 지난날의 사실들을 탐구하는 자세를 가진 것입니다. 그는 역사를 쓰는 일이 어떤 의미인지를 명확히 생각하고 있었습니다. 이 점이 헤로도토스를 '역사학의 아버지'라고 부르게 된 이유일 것입니다.

『역사』의 내용 중 가장 유명한 부분은 '이집트는 나일 강의 선물'이라는 말입니다. 무슨 뜻일까요? 고대 이집트 문명은 세계에서 가장 먼저 발달한 문명 중 하나입니다. 아프리카 고원 지역에 내린 봄비는 매년 여름 나일 강에 홍수를 가져옵니다. 헤로도토스는 이집트인들이 나일 강이 넘치기 전 땅을 정확히 측량해 두었다가 홍수가 끝난 다음 다시 나누어 농작물을 경작하는 것을 보았습니다. 홍수가 끝나면 나일 강 주변은 농사를 짓기에 적합한 비옥한 땅으로 바뀝니다. 영양분이 풍부한 아프리카 내륙의 흙이 나일 강에 실려 와서 강물이 넘칠 때 주변 땅을 덮기 때문입니다.

정확한 홍수 시기를 예측하기 위해서 하늘을 관찰하는 천문학도 발달했으며 달력도 만들었습니다. 나일 강의 강물을 효과적으로 이용하기 위한 수리 시설도 발달했고요. 헤로도토스는 이런 사실들을 종합해서 이집트를 '나일 강의 선물'이라고 부른 것입니다. '나일 강의 선물'이라는 말은 고대 이집트 문명이 왜 발달했는가에 대한 헤로도토스의 연구와 평가가 만들어낸 역사적 사실인 셈입니다.

헤로도토스가 역사를 공정하게만 썼을까요?

그렇다고 헤로도토스가 역사를 공정하게만 썼을까요? 헤로도토스가 페르시아 전쟁에서 특히 주목한 것은 작은 도시국가로 나뉘어 있던 그리스가 어떻게 페르시아라는 커다란 제국을 이길 수 있었는가 하는 점이었습니다. 그리스의 정치 체제가 페르시아보다 우수하다는 논리도 그중 하나입니다. 그리스는 시민이 중심이 된 민주정이고, 페르시아는 왕이 통치하는 전제정이었기 때문이라는 것입니다.

헤로도토스는 유럽과 유럽인들이 다른 지역보다 우월하다는 유럽 중심의 사고방식을 가지고 있었습니다. 하긴 헤로도토스가 '역사학의 아버지'라고 널리 불리게 된 것도 근대 역사학이 유럽에서 처음 자리를 잡았기 때문입니다. 만약 아시아나 다른 지역에서 근대 역사학이 먼저 발달했다면 다른 사람이 '역사학의 아버지'가 되었을지도 모를 일입니다.

그리고 보니 '페르시아 전쟁'이라는 용어도 어색하네요. 페르시아 전쟁은 페르시아와 그리스가 싸운 사건인데 왜 이렇게 불릴까요? '그리스-페르시아 전쟁'이나 '페르시아-그리스 전쟁'이라고 하는 편이 자연

· 페르시아 보병 유적 ·

스럽고 이해하기도 쉬울 것 같습니다. '페르시아 전쟁'이라는 말은 그리
스 사람들에게는 '페르시아와 싸운 전쟁'이라는 뜻인데 이를 그대로 받
아들여 그리스인이 아닌 우리도 사용하고 있는 것입니다. 이 또한 유럽
중심의 역사 인식이라고 할 것입니다.

역사에서 교훈을 얻을 수 있다고 생각한 김부식

가장 오래된 역사책『삼국사기』

현재 남아 있는 가장 오래된 우리나라 역사책은 고려 때 김부식이 쓴『삼국사기』라고 했죠? 김부식이『삼국사기』를 쓰게 된 것은 당시 국왕이었던 인종의 명이 있었기 때문입니다. 김부식은 70세가 되던 해인 1145년『삼국사기』를 완성하여 인종에게 바칩니다.

이보다 3년 전 김부식은 관직에서 물러나겠다는 뜻을 밝혔습니다. 나이가 들어서 더 이상 나랏일을 감당하기 힘들다는 이유였습니다. 묘청 등이 일으킨 서경(지금의 평양) 지역의 반란을 물리친 이후 몇 년 동안 김부식이 최고의 권세를 누리던 때였습니다. 인종은 김부식의 사직을 허락하면서도 "중요한 일이 생기면 반드시 함께 의논하겠다."라고 하였습니다. 이로부터 3년 후에 『삼국사기』를 완성했으므로 관직에서 물러난 직후 곧 삼국시대의 역사책을 쓰라는 명을 받았을 것으로 짐작됩니다.

김부식은 『삼국사기』를 완성해서 왕에게 바치면서 글을 올렸습니다. 이 글에 따르면 인종은 김부식에게 역사책을 쓸 것을 명하면서, 당시 학자나 사대부들이 중국의 경서나 역사는 잘 알면서 우리나라 역사는 알지 못하는 것을 한탄했다고 하였습니다. 그 이유가 이전에 있었던 책들이 중국의 일은 자세히 기록하면서 우리나라 일은 대강 쓰거나 중요한 사실이 빠져 있기 때문이라고 보았습니다. 유학자이지만 유교 경전이나 중국의 역사뿐 아니라 한국사도 알아야 한다고 주장한 것입니다.

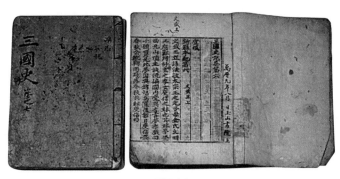

· 『삼국사기』 ·

나라를 잘 다스리려면 역사를 알아야 해요

그렇다면 김부식은 왜 우리나라 역사를 알아야 한다고 생각했을까요? 김부식은 우리나라 역사를 알지 못해서 생기는 문제를 다음과 같이 지적합니다.

> 임금의 선함과 악함, 신하의 충성스러움과 사악함, 나라의 평안과 위기, 백성들을 잘 다스렸는지 혼란스러웠는지 등을 드러내어 경계로 삼도록 하지 못하였습니다.

과거의 일을 거울삼아 나라를 잘 다스리기 위해 역사를 알아야 한다는 것입니다. 이처럼 통치의 교훈을 얻는 것이 김부식이 생각하는 역사 교육의 목적이며 역사책을 쓴 이유였습니다.

교훈을 얻기 위해 역사를 알아야 한다는 것은 김부식만이 아니라 대부분의 유학자들이 가지고 있던 생각이었습니다. 역사를 기록하는 목적도 여기에 있었습니다.

과거의 역사책 중에는 '통감(通鑑)'이라는 말이 붙은 것이 많습니다. 조선 성종 때는 왕명으로 고대부터 고려 시대까지 역사를 기록한『동국통감』을 만들었습니다. 유학자들이 가장 모범적인 역사책이라고 생각한 것은 중국 송나라의 주희가 쓴『자치통감강목』입니다. 이 책은 사마

광의 『자치통감』 내용을 주희가 재구성한 것입니다. '통감'이란 '거울을 통해서 본다.'라는 뜻으로 과거를 거울삼아 현재에서 잘한 일을 본받고 잘못한 일을 되풀이하지 않겠다는 의미입니다. 교훈을 얻는 것이 역사를 알아야 하는 목적인 것입니다.

03

'사실을 있는 그대로' 쓰려고 했던 랑케

학교에서 역사를 가르친 건 근대부터였어요

오늘날 중·고등학교에는 '역사'나 '한국사', '세계사', '동아시아사'와 같은 역사 과목들이 있죠. 대학에는 '사학과'나 '역사교육과'와 같이 역사를 전공으로 하는 학과들이 설치되어 있습니다. 그런데 이처럼 역사를 하나의 과목이나 전공으로 학교에서 가르치기 시작한 것은 얼마 되지 않았습니다. 19세기 이후부터니까요. 앞에서 중국의 한나라나 유럽의 그리스에 역사책이 있었으며 역사 공부를 했다고 하고서는 무슨 말이냐고요? 그렇습니다. 아주 오래전부터 역사를 기록하고 연구했지만 역사를 독립된 학문이나 분야로는 생각하지 않았습니다.

어떤 사람들은 역사를 과거를 소재로 하는 이야기와 마찬가지라고 생각했습니다. 그래서 문학작품 속에 역사 이야기를 포함했습니다. 어떤 사람들은 역사를 철학이나 종교 사상의 한 영역으로 여겼습니다. 그래서 철학적 주장이나 종교 원리를 뒷받침하는 데 역사를 이용했습니다. 예를 들어 중세 유럽의 신학자들은 역사가 신의 섭리를 실현해나가는 과정으로 보았습니다. 그래서 역사의 발전 단계를 여기에 맞춰 설명했습니다.

조선 시대 유학자들은 유교 경전을 공부하는 것과 역사 공부를 구분하지 않았습니다. 공자나 맹자, 주자의 사상을 더 확실히 알기 위해 역사를 공부해야 한다고 생각했으며 또 유교 경전을 통해 역사적 사실을 알았습니다. '유학 공부와 역사 공부는 하나'라는 의미의 경사일체(經史一體) 교육을 한 것입니다.

· 랑케 ·

역사학이 독립적인 학문으로 자리를 잡은 것은 19세기 들어서입니다. 여기에 큰 역할을 한 것으로 평가되는 사람이 독일 학자 랑케(Leopold von Ranke)입니다. 랑케는 역사학이 독립적인 학문이 되려면 문학과 구분이 되어야 한다고 생각했습니다.

문학의 성격 중에 '허구(虛構)'가 있지요.

실제가 아닌 일을 작가가 상상력으로 쓴 이야기라는 뜻입니다. 이에 반해 역사는 지난날 실제로 일어났던 일입니다. 그러므로 역사는 창작하는 문학보다는 사실을 밝히는 과학이 되어야 한다고 생각한 것입니다. 그런데도 역사와 문학이 구분되지 않는 이유는 역사를 연구하거나 역사를 쓸 때 특정 목적을 갖거나 자기 생각을 많이 집어넣기 때문이라고 보았습니다.

그래서 랑케는 역사 연구가 '과거에 일어났던 그대로' 밝혀야 한다고 주장했습니다. 그러기 위해서는 먼저 사실을 보여주는 사료의 선정과 비판에 신경을 써야 했습니다. 사료가 신빙성이 떨어지거나 내용을 믿을 수 없다면 과거에 일어났던 일을 제대로 알 수 없을 테니까요. 랑케에게 사료 비판은 역사 연구의 첫 단계였습니다. 그런 다음 사료 내용을 해독하는 데 힘을 기울였습니다.

이런 관점에서 자연히 랑케는 역사를 공부해야 하는 이유를 역사적 사실을 아는 것 자체에 두었습니다. 물론 랑케가 역사적 사실이 주는 의미나 역사관을 아예 무시했다는 것은 아닙니다. 그렇지만 역사적 사실을 알게 되면 이 문제를 저절로 해결할 수 있다고 보았습니다. 역사적 사실 자체가 의미를 내포하고 있다고 생각했으니까요. 역사적 사실을 중시하는 랑케의 이런 관점을 '실증적 역사학', '객관적 역사학'이라고 말합니다. 랑케가 이런 태도를 취한 것은 역사학이 정치에 영향을 받지 않게 하기 위해서라는 평가도 있습니다.

랑케의 역사 연구도 정치적 영향을 받았어요

그렇다면 랑케는 정치 문제에서 벗어나서 역사를 연구했을까요? 당시 유럽에서는 프랑스혁명 이후 각국에서 혁명의 분위기가 들끓었습니다. 도시 시민뿐 아니라 노동자도 자신의 권리를 주장하고 자치정부를 세우기도 했습니다. 그러나 랑케는 이들이 일으키는 혁명이 역사의 흐름을 저해한다고 비판했습니다. 그리고 자신이 살았던 프로이센이 군사력을 앞세워 주변 국가를 통합해서 독일제국을 건설하려는 정책을 지지했습니다.

객관성을 추구하는 랑케의 역사 연구는 독일제국을 합리화하는 역할을 했습니다. 그런 공로로 랑케는 독일 귀족 작위를 받았습니다. 근대 역사학에 랑케가 남긴 업적과는 상관없이, 랑케의 역사 연구도 정치적 영향력에서 벗어난 것은 아니었습니다.

랑케의 근대 역사학은 일본을 거쳐 우리나라에도 들어왔습니다. 일본은 '메이지유신'이라는 근대적 개혁을 추진하면서 유럽, 특히 프로이센의 문물과 제도를 받아들였습니다. 랑케의 역사학도 일본에 들어와 일본 근대 역사학의 토대가 되었습니다. 다수의 일본 역사학자들은 랑케의 역사관을 토대로 겉으로는 역사 연구의 실증성을 강조했습니다. 그렇지만 이런 역사학은 실제로 연구를 통해 일제의 한국병합을 합리화하는 기능을 하였습니다. 역사를 보는 관점이 아니라 개별적인 역사

• 「민중을 이끄는 자유의 여신」 •

당시 유럽에서는 프랑스혁명 이후
각국에서 혁명의 분위기가 들끓었어요.
도시 시민뿐 아니라 노동자도
자신의 권리를 주장하고 자치 정부를 세우기도 했지요.

적 사실을 아는 것 자체만을 강조했으며 연구 주제도 식민 지배를 합리화하는 역사적 사실을 대상으로 하는 경우가 많았기 때문입니다.

일본이 우리나라를 식민지로 통치하는 동안 일본 대학에 유학한 조선인 학생과 경성(지금의 서울)에 설치된 경성제국대학 등을 통해 일본의 근대 역사학은 한국에도 들어왔습니다. 이들의 역사관과 역사 연구 방법도 일본 학자들과 비슷했습니다. 그리고 이런 역사 연구 방법이나 역사를 왜 알아야 하는지에 대한 생각은 해방 이후에도 상당 기간 한국 사회에 그대로 유지되었습니다. 어쩌면 역사적 사실을 기억하는 데 중점을 두는 역사 공부가 여기에서 비롯된 것일지도 모릅니다.

04

딸에게 세계사를
가르친 네루

옥중 편지로 딸에게 들려준 네루의 『세계사 편력』

네루(Jawaharlal Nehru)는 간디와 더불어 영국의 식민지였던 인도의 독립운동을 이끌었던 인물입니다. 네루는 제2차 세계대전 후 인도가 독립하자 초대 총리가 되어 나라의 기틀을 다지는 데 힘썼습니다. 미국을 중심으로 하는 자유 진영과 소련을 중심으로 하는 공산 진영이 각각 동맹을 맺고 대립하는 냉전 체제가 본격화하자 비동맹 중립 노선을 내세워 제3세계를 형성하는 데 큰 역할을 했습니다.

네루는 간디의 비폭력 투쟁에 감명받고 인도의 독립운동에 적극적으로 뛰어들었습니다. 그러나 인도의 완전한 즉시 독립을 주장하는 등 점

• 네루와 인디라 간디 •

차 간디보다 강경한 독립운동을 벌였습니다. 이 때문에 네루는 모두 9차례에 걸쳐 10년 이상의 기간을 감옥에서 지내야 했습니다. 감옥에 갇혀 있는 동안 네루는 여러 권의 책을 썼는데 그중 하나가 『세계사 편력』입니다. 이 책은 원래 네루가 감옥에서 외동딸인 인디라 간디에게 보낸 편지를 엮은 것입니다.

네루는 1930년 10월 26일부터 1933년 9월 8일까지 약 3년 동안 196번에 걸쳐 편지를 썼습니다. 그런데 편지 내용은 안부를 묻거나 소식을 전하는 등 일반적인 것이 아닌 세계사 강좌였습니다. 오랫동안 떨어져 지내야 하는 딸에게 보내는 편지로는 정이 없어 보이죠? 더구나 당시 딸의 나이는 13세에 지나지 않았습니다. 왜 네루는 이처럼 오랫동안 딸에게 세계사 내용을 담은 편지를 보냈을까요?

네루는 딸에게 보내는 첫 번째 편지에서 인도의 독립은 물론 독립 후 가난과 참상을 극복하고 올바른 사회를 건설하기 위해서는 혁명이 필요하다고 말했습니다. 네루는 아직 어리지만 딸이 장차 이러한 혁명을 이룰 수 있는 인물로 자라나기를 원했던 것이 아닐까요? 역사를 아는 것이 옳고 그름을 판별하고 혁명을 이룰 수 있는 인물이 되는 바탕이라고 생각했을 것입니다.

『세계사 편력』을 읽다 보면 네루의 해박하고 광범위한 역사나 사상에 대한 지식에 감탄하게 됩니다. 네루는 원시 농경 사회부터 현대의 나치 독일에 이르기까지 세계사의 주요 사건이 일어나게 된 원인과 전개 과정을 꼼꼼히 설명하고, 역사적 의미가 무엇인지 말하고 있습니다. 네루가 특히 상세하게 설명한 것은 혁명입니다. 예를 들어 프랑스혁명의 전개 과정은 발단부터 나폴레옹 전쟁, 그리고 빈 체제에 이르기까지 6차례에 걸쳐 자세히 썼습니다. 영국혁명, 중국의 신해혁명, 러시아혁명 등도 비중 있게 다루었지요.

네루가 생각한 역사를 알아야 하는 이유

네루에게 혁명은 역사를 끝없이 변화시키는 것이었습니다. 혁명의 주체는 정치적 욕심으로 꼼수를 부리는 왕이나 통치자가 아니라 대중입니다. 대중의 사회적 필요가 혁명을 일어나게 합니다. 그래서 프랑스혁명의 과정을 설명하는 첫 번째 편지에서 네루는 다음과 같이 말합니다.

혁명은 끝없는 변화를 가져오는 한 편의 드라마이며 아직도 우리를 매혹시켜 전율을 느끼게 하고 긴장하게 하는 놀라운 사건이다. … 혁명의 요람은 논밭이며 광장이고, 그 행동은 노골적이고 거칠다. 혁명을 일으키는 사람들은 교육을 받을 기회도 없었던 사람들이므로 말로 흉악한 음모나 비열한 치장을 할 능력도 세련됨도 없으며 몸뚱이 하나 감쌀 만한 의복조차 걸치지 못했다.

네루는 마지막 편지에서 역사를 올바로 알려면 내용만 읽어서는 안 되며 감정을 가지고 보아야 한다고 말합니다. 그 감정은 애정의 눈길로 역사를 바라볼 때 생깁니다. 그래야 의미 없는 역사의 뼈대가 살과 피를 가지고 살아 있는 역사가 될 수 있다고 합니다. 바로 이런 생각 때문에 네루는 딸에게 세계사 속의 혁명을 자세히 말해주었던 것이 아닐까요?

우리는 과거에 신세만 지고 있어서는 안 된다. 미래에 대해서도 임무를 수행해야 한다. … 과거는 이미 지나갔으므로 우리가 바꿀 수 없지만, 미래는 다가오는 것으로 어느 정도 우리 의지대로 쟁취할 수 있기 때문이다.

역사를 과거가 아니라 현재의 감정으로 되살리고, 이를 미래 사회를 위한 실천에 옮기는 것, 이것이 네루가 생각하는 역사를 알아야 하는 이유였을 것입니다.

네루의 가르침을 실천하지 못한 딸

그렇다면 편지로 아버지가 들려주는 세계사를 공부했을 딸은 네루의 희망대로 대중에 애정을 가지고 혁명을 통해 인도 사회를 바꾸었을까요? 인디라 간디는 아버지 네루의 뒤를 이어 두 차례에 걸쳐 약 16년간 총리로 인도를 통치했습니다. 그렇지만 그녀가 총리를 하는 동안 인도 사회에서 빈곤과 무지, 불평등 해소라는 대중의 요구는 실현되지 못했습니다. 혁명으로 사회를 바꾸지 못한 것입니다.

인구의 대다수가 힌두교를 믿는 인도인들과는 달리 힌두 사상과 이슬람 사상이 융합된 시크교를 믿는 사람들이 독립운동을 벌이자 인디라 간디는 이를 무력으로 진압하여 수백 명의 희생자를 냅니다. 그리고 시크교를 믿는 자신의 경호원이 쏜 총에 맞아 죽었습니다.

네루는 딸에게 보낸 편지에서 모든 종파를 존중할 때 자기 종파의 영예도 높아진다고 썼습니다. 그렇지만 딸은 아버지의 생각을 실천하지 못했습니다. 그 결과는 비극적 죽음이었습니다.

05

역사 공부는 민족정신을 지키는 것이라 생각한 신채호

역사를 알아야 나라를 지킬 수 있어요

역사 공부를 통해 인도의 혁명을 꿈꾼 인물이 네루라면 역사 정신으로 한국의 혁명을 이루고자 했던 인물은 신채호입니다. 신채호에게 '역사'는 일본 제국주의를 무너뜨리고 혁명을 이룰 수 있는 길이었습니다.

신채호는 원래 한학(漢學)을 공부했습니다. 그래서 조선 시대 최고 교육기관이었던 성균관의 관리가 되기도 했습니다. 그러나 일본의 침략으로 나라가 위태로워지자 관리를 그만두고 「황성신문」 「대한매일신보」의 논설위원으로 글을 써서 민중을 계몽하고 자주독립을 위한 여론을

· 신채호 사당 ·

불러일으키는 데 힘썼습니다.

신채호는 나라를 보존하려면 무엇보다도 역사를 알아야 한다고 생각
했습니다. 역사를 알아야 올바른 정신을 가질 수 있고, 올바른 정신을
가진 민족만이 나라를 유지할 수 있다는 것입니다. 신채호가 특히 중요
시한 것은 우리나라 역사를 다루는 국사였습니다. 신채호에게 나라의
역사는 민족의 역사였습니다. 민족의 역사를 잃지 않는다면 빼앗긴 나
라를 되찾을 수 있다고 주장했습니다. "국가의 역사는 민족의 흥망성쇠
를 서술하는 것이다. 민족을 버리면 역사가 없으며 역사를 버리면 국가
에 대한 민족의 관념이 크게 될 수 없다."라고 했습니다. 그래서 역사를
공부한다는 것은 단순히 지나간 사실을 아는 것이 아니라 민족정신을
기르는 일이 되어야 한다고 보았습니다.

그런데 신채호가 보기에 조선 시대 역사책은 말할 것도 없고, 당시의 역사 교과서들도 민족의 관점이 들어가 있지 않았습니다. 어찌 보면 우리 민족이 중국 민족의 일부인 듯 보이며 어찌 보면 선비족·말갈족·몽골족·여진족의 일부로 보이다가 다시 일본족의 일부인 듯도 하다는 것입니다. 나라의 이름을 '조선'에서 황제가 다스리는 큰 나라라는 뜻인 '대한제국'으로 바꾸었지만, 한국사를 주체적으로 인식하고 있지 못하고 있다고 판단했습니다. 그래서 민족을 주체로 하는 새로운 역사를 쓰고자 했습니다.

신채호는 1908년 「대한매일신보」에 「독사신론(讀史新論)」이라는 제목으로 글을 쓰기 시작했습니다. '독사신론'은 새로운 관점에서 쓰는 역사라는 의미입니다. 신채호는 이 글을 쓰면서 민족사를 새롭게 체계화하고자 했습니다. 신채호가 민족사의 주류로 본 것은 '단군조선→부여→

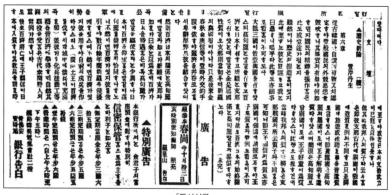

· 「독사신론」 ·

고구려'로 이어지는 역사였습니다.

그러나 신채호의 바람과는 달리 한국은 일본에 강제로 병합당해 식민지가 되고 말았습니다. 신채호는 한반도를 떠나 중국으로 망명해서 본격적으로 독립운동에 힘썼습니다. 독립운동으로 급박하고 바쁜 나날을 지내는 동안에도 신채호는 틈틈이 한국사를 연구하고 글을 썼습니다. 신채호에게 역사 연구는 독립운동과 별개가 아니었습니다. 나라를 잃어도 역사를 잃지 않으면 되찾을 수 있다고 생각했으니까요.

신채호는 역사가 '아(我)와 비아(非我)의 투쟁'이 시간의 흐름에 따라 발전하고 공간적으로 확대하는 것이라고 했습니다. 조선인에게 '아'는 조선이며 이 '아'와 싸우는 '비아'는 일본 제국주의였습니다. 신채호의 논리에 따르면 '아와 비아의 투쟁'인 역사를 배운다는 것은 조선을 식민지로 삼아버린 일본 제국주의와 싸워야 한다는 정신을 가지는 것입니다. 그 정신은 민족의 얼과 혼입니다. 그리고 이런 투쟁이 시간으로 이어지고 공간으로 확대될 때 한국사가 발전하게 된다고 보았습니다.

신채호는 역사 공부를 통해 독립운동에 힘썼어요

그렇다고 신채호가 이런 '아와 비아의 투쟁'을 통해 이루고자 했던 것이 일제의 식민지가 되기 이전인 조선이나 대한제국과 같은 나라는 아니었습니다. 일본에 병합당하기 이전 한국은 왕과 사대부를 비롯한 지배 계급이 주인 노릇을 한 사회였습니다. 원래 신채호도 이순신이나 을지문덕과 같은 영웅들을 민족정신의 상징으로 내세우는 영웅 사관을 가지고 있었습니다. 그러다가 일제 치하 독립운동과 역사 연구에 힘쓰면서 생각이 달라졌습니다.

신채호가 이루고자 했던 것은 민중의 자유와 평등, 생존, 민주적 문화의 사회였습니다. 그런 사회는 '민중의 직접적 폭력에 의한 혁명'으로만 가능하다고 신채호는 판단했습니다. 요즈음 사회에서 폭력은 매우 좋지 않은 행동이지요? 그렇지만 신채호에게 '폭력'은 민중이 주체가 되는 민중혁명을 이루는 수단이었습니다. 긍정적 의미로 '폭력'이라는 말을 쓴 것입니다. '아'와 '비아'도 민족을 기준으로 할 때는 우리 민족이 '아', 일본 제국주의가 '비아'이지만, 사회 계급을 기준으로 할 때는 민중이 '아', 지배 계급이 '비아'입니다.

이에 따라 신채호는 민중 혁명에 이르기 위해 모든 지배 권력을 부정하는 아나키즘 운동에 뛰어들었습니다. 그렇지만 일본 제국주의의 타도와 민중 혁명이라는 꿈을 이루지 못한 채 만주의 뤼순 감옥에서 숨을 거두었습니다. 역사 공부로 얻은 역사관을 사회에 실천한 사람은 신채호 자신이었습니다. 사회에 실천할 수 있는 민족정신과 민중 혁명 의식의 함양, 그것이 신채호가 역사를 기록한 이유입니다.

「아리랑」을 부른
독립운동가 김산

'아리랑의 노래'로 밝힌 조선 혁명가 이야기

1984년, 일제하 중국에서 일본과 맞서 싸운 한 인물의 이야기를 담은 책이 간행되어 사회의 관심을 모았습니다. 책의 주인공은 김산이라는 인물이었습니다. 김산은 그때까지 대부분의 사람들에게 이름조차 알려지지 않은 인물이었습니다. 국사 교과서나 한국사 개설서에 전혀 등장하지 않았으며 독립운동사 책이나 심지어 인물사전에도 이름이 올라 있지 않았습니다. 그러나 책의 내용에 나타난 김산의 강렬한 삶은 많은 사람의 뇌리에 깊이 박혔습니다. 이 책의 제목은 『아리랑』입니다.

아리랑은 한국 사람이라면 누구나 알고 있는 구전 민요입니다. 한국인의 정서를 가장 잘 나타낸 노래이지요. 그러기에 올림픽 등에서 남북 공동 대표단을 구성할 때면 으레 국가(國歌) 대신 불렀던 노래도 아리랑입니다. 『아리랑』은 1941년 미국의 작가인 님 웨일스(Nym Wales, 본명은 헬렌 포스터 스노(Helen Foster Snow))가 미국 뉴욕에서 펴낸 책입니다. 원래 제목은 'Song of Arirang', 즉 '아리랑의 노래'인데 번역본에서는 '노래'를 빼고 『아리랑』이라고 했습니다.

님 웨일스는 미국의 신문기자였던 에드거 앨런 스노(Edgar Allen Snow)의 부인입니다. 에드거 앨런 스노는 중일전쟁 시절 중국 공산군의 근거지인 옌안을 여러 차례 방문해서 마오쩌둥을 면담하고 쓴 『중국의 붉은 별』이라는 책으로 세계적인 명성을 얻었지요. 미국 작가인 님 웨일스는 왜 이 책에 『아리랑의 노래』라는 제목을 붙였을까요?

님 웨일스는 1937년 여름 중국공산당의 근거지였던 옌안의 한 도서관에서 김산을 알게 됐습니다. 온갖 종류의 책을 수십 권씩 빌려 간 한 사람의 이름이 눈에 띄었는데 그가 김산이었습니다. 김산은 '중국공산당이 통치하는 지역에 파견된 한국 대표'로 소개되었습니다. '한국'이라는 나라에 대한 호기심도 님 웨일스로 하여금 김산을 만나고 싶다는 마음을 자극했습니다.

김산을 만난 님 웨일스는 그가 살아온 이야기를 들었습니다. 님 웨일스가 보기에 김산은 한국인의 정서를 가장 강하게 가지고 있는 사람이었습니다. 중국에서 일본이나 중국국민당 정부에 맞서 혁명 활동을 벌

이고 있었지만, 김산의 마음속에는 한국인이라면 으레 가지고 있을 정
서가 강하게 자리 잡고 있었습니다. 그래서 '아리랑'을 책의 제목으로
삼은 것입니다. 물론 김산이 님 웨일스를 만나면서 「아리랑」을 종종 불
렀을 수도 있지요.

독립운동과 혁명에 삶을 바친 김산

책이 나온 이후 김산의 원래 이름이 장지락임이 밝혀졌습니다. 장지
락은 3·1운동에 참여하였으며 그다음 해 일본 제국주의와 맞서 싸우기
위해 중국으로 건너갔습니다. 거기서 장지락은 중국공산당의 혁명운동
에 참여합니다. 그것이 식민지인 조국을 독립시키는 길인 동시에, 사회
와 인간의 해방을 이룰 수 있는 길이라고 생각했
습니다. 그래서 일본 제국주의와 싸우면서 중국
공산당이 일으킨 봉기에 참여하기도 했습니다.

도시 지역을 장악하고 대중의 자치 정부를 구
성하려던 중국공산당의 봉기가 실패로 돌아간
다음에도 장지락은 독립운동과 혁명 활동을 계
속했습니다. 중국 대륙을 침략한 일본군과 맞서
싸우기 위해 중국국민당과 힘을 합치기로 약속

· 「아리랑」 ·

한 중국공산당이 1936년 말 옌안으로 중심지를 옮기자 장지락도 이곳으로 갔습니다. 그리고 옌안의 항일군정대학에서 학생들을 가르쳤습니다. 그가 님 웨일스를 만난 것도 이때입니다.

그러나 이후 장지락은 일본 스파이와 트로츠키파라는 누명을 쓰고 처형을 당했습니다. 트로츠키는 레닌 등과 함께 러시아혁명을 일으켰지만, 이후 소련의 통치를 주도했던 레닌이나 스탈린과 의견 차이로 국외로 추방된 인물입니다. 당시 트로츠키는 국외에서 반소련 활동을 벌이고 있었는데 소련을 추종하고 있던 중국공산당이 장지락에게 이런 혐의를 씌운 것입니다. 나중에 누명이 벗겨지기는 했지만, 장지락은 일본 제국주의와 맞서 싸우기 위해 스스로 선택했던 중국공산당으로부터 배신을 당한 셈입니다.

님 웨일스는 왜 『아리랑』을 썼을까요?

『아리랑』은 왜 처음 발간된 지 무려 43년이나 지난 다음 번역되었을까요? 그 이유는 장지락이 대한민국임시정부와 같이 민족주의 계열이 아닌 중국공산당과 함께 활동하였기 때문입니다. 공산주의자로 낙인찍힌 것이지요. 앞에서 살펴본 신채호의 무정부주의 활동이 오랫동안 교과서 등에 실리지 않은 것과 같은 이유일 것입니다.

그래도 『아리랑』이 나온 다음 장지락은 한국 사회에서 적지 않은 관심을 모았습니다. 장지락을 재조명하는 연구들이 학술지에 발표되었으며 TV 방송에서는 장지락의 삶을 소개하는 작품을 만들어 상영했습니다. 장지락과 같이 중국에서 공산당에 참여하여 독립운동을 했던 인물들에 대한 재평가가 이루어졌습니다.

　　님 웨일스는 왜 『아리랑』을 썼을까요? 어려운 여건 속에서도 끈질기게 지속된 한국의 독립운동을 알리고 싶었을까요? 그보다는 장지락이라는 인물과 그의 삶 자체를 기록으로 남기고 싶었을 것입니다. 그리고 마음속으로 장지락의 삶을 자신과 동일시했을 것입니다. 비록 장지락과 똑같은 삶을 살지는 못할지라도 그런 삶에 대한 동경과 존경심을 갖는 것이지요. 이것이 역사를 기록하고 공부하는 하나의 마음입니다. 그런 점에서 보면 님 웨일스가 『아리랑』을 썼던 의도는 충분히 이루었다고 할 수 있습니다.

프랑스 독립을 위해 싸운 역사가 블로크

역사 공부는 블로크의 삶을 바꾸었어요

"아빠, 도대체 역사란 무엇에 쓰는 것인지 이야기해주세요."

프랑스의 역사학자 마르크 블로크(Marc Bloch)가 쓴 유명한 책인 『역사를 위한 변명』은 이렇게 시작됩니다. 왜 이 책의 제목에는 '변명'이란 말이 붙어 있을까요? 당시 많은 사람들이 역사학이 세상을 살아가는 데 별로 쓸모없는 학문이라고 이야기했던 것 같습니다. 사실 이런 이야기는 지금도 종종 들을 수 있습니다. 블로크는 그런 사람들에게 역사를 아는 것이 정말로 가치있다는 사실을 말하고 싶었을 것입니다. 그래서 책의 제목이 『역사를 위한 변명』입니다.

블로크는 이 책을 통해 역사 지식이 사람들이 살아가는 데 어떤 역할을 하는지 보여주려고 했습니다. 그러나 이 책의 어디에서도 왜 우리가 역사를 알아야 하는지 직접적으로 설명하지 않습니다. 그저 역사는 인간의 이야기라는 것을 강조하고 있을 뿐입니다. 그 이유는 블로크가 이 책을 애초의 계획대로 완성하지 못한 채 죽음을 선택했기 때문일 수도 있습니다. 어쩌면 블로크 자신이 선택한 삶을 통해 역사를 알아야 하는 이유를 보여준 것일지도 모릅니다.

1944년 6월 16일 블로크는 레지스탕스('저항'이라는 뜻으로, 2차 세계대전 당시 독일 나치의 점령에 대항하며 유럽, 특히 프랑스에서 일어난 지하운동 또는 단체) 활동을 한 혐의로 나치 독일에 의해 처형당했습니다. 그 옆에는 16세의 소년이 있었습니다. 소년이 블로크에게 물었습니다. "총에 맞으면 아프겠죠?" "아니야, 아프지 않단다." 블로크는 이렇게 말하고 소년의 손을 꼭 잡았습니다. 그리고 외쳤습니다. "프랑스 만세." 그 순간 총성이 일제히 울리고 블로크도 소년도 눈을 감았습니다. 블로크는 어떻게 해서 이렇게 담담하게 죽음을 맞이할 수 있었을까요? 아마도 역사를 공부했기 때문일 것입니다.

역사 공부는 올바른 미래를 확신하게 해줘요

· 블로크 ·

블로크는 프랑스의 유명 대학인 소르본 대학의 역사학 교수로 활발한 연구를 하고 있었습니다. 그러나 1939년 제2차 세계대전이 일어나자 프랑스군에 들어갔습니다. 이때 블로크는 6명의 자녀를 둔 53세의 가장이기도 했습니다. 그러나 1940년 프랑스는 독일에 함락되었습니다. 많은 프랑스 지식인들이 이런 현실을 보고 경악했습니다. 역사가 배반했다고 절망한 사람도 많았을 것입니다.

그러나 블로크는 그렇게 생각하지 않았습니다. 블로크는 친구인 뤼시엥 페브르(Lucien Febvre)에게 미리 써둔 『역사를 위한 변명』 서문에서 다음과 같이 말합니다.

오랜 세월에 걸쳐 우리는 거대하고 인간적인 역사학을 위해 함께 싸워 왔습니다. … 불의한 운명에 의해 우리는 잠시 정복되어 있을 뿐입니다. 나는 확신합니다. 우리가 과거처럼 공개적으로 또한 과거처럼 자유롭게 다시 협력해서 일할 수 있는 날이 오리라는 것을.

이런 생각으로 블로크는 레지스탕스에 들어갔습니다. 블로크가 할 일은 역사 연구이므로 망명하라는 주변의 권유도 뿌리쳤습니다. 그리고 자신이 믿었던 것과 같이 나치 독일의 패전과 자유 프랑스의 승리가 확실해졌던 1944년 여름 죽음을 맞이하였습니다. 그래서 블로크의 죽음은 자신이 선택한 것이라고 할 수 있습니다.

이런 블로크에게 역사 공부는 무엇일까요? 블로크는 왜 역사를 공부해야 한다고 생각했을까요? 그는 역사 공부가 현재 사회를 진단하고 미래를 전망하게 해준다고 보았습니다. 그리고 그 미래는 인간의 의지에 의해 올바른 방향으로 나아갈 수 있다고 믿었습니다. 그런 믿음은 인간을 변화시킵니다.

여기에서 제2차 세계대전의 책임이 독일에 있다거나 독일이 패하고 연합국이 승리하는 것이 역사의 올바른 방향이라고 말하려는 것은 아닙니다. 역사를 공부하는 것은 인간을 변화시킨다는 사실을 환기시키고 싶을 뿐입니다. 블로크 자신이 그랬듯이, 역사의 발전을 믿고 자신의 의지를 사회에 실천할 수 있는 인간을 기르는 것, 그것이 블로크가 생각하는 역사 공부의 가치일 것입니다.

역사 교과서는
언제부터 만들어졌을까요?

역사책이라고 하면 가장 먼저 생각나는 것 중 하나가 교과서죠. 저도 중·고등학교 다닐 때 역사 교과서 내용을 달달 외운 기억이 있습니다. 더군다나 역사 교과서는 다른 과목의 교과서보다 사회의 관심을 더 많이 끕니다. 역사 교과서 국정화를 둘러싸고 사회 전체가 논란에 휩싸이고 비판이 끊임없이 계속되었던 것에서도 이를 알 수 있습니다.

교과서는 학교 수업에서 교재로 사용되는 책입니다. 전근대 사회에서도 학교는 있었습니다. 그렇다면 역사 교과서는 언제부터 만들어졌을까요? 조선 시대 이전에는 처음부터 학생들의 교재로 사용하기 위해 만든 역사 교과서는 없었습니다. 물론 삼국시대나 고려 시대에도 학교는 있었으며 역사도 가르쳤습니다. 통일신라의 대표적인 교육기관인 국학의 졸업생을 대상으로 관리를 뽑는 시험인 독서삼품과에서는 중국의 역사책인 『사기』 『한서』 『후한서』의 내용을 잘 아는지 평가했습니다. 국학에서 중국 역사책을 공부했다는 것을 알 수 있지요.

고려의 가장 상위 교육기관인 국자감에서도 위의 책들을 배웠을 것으로 생각됩니다. 그렇지만 이런 교재들은 처음부터 학교 교재로 만든 것이 아니라 중국의 역사책을 그대로 사용한 것입니다. 조선 시대에 널리 보급된 『자치통감강목』과 『통감절요』도 중국의 역사책이었습니다.

조선 중종 때 유학자였던 박세무는 『동몽선습(童蒙先習)』이라는 책을 썼습니다. '동몽선습'이란 '어린이가 먼저 공부해야 할 책'이란 뜻입니다. 이 책은 박세무가 자기 집안의 아이들에게 유교 윤리와 역사를 가르치기 위해서 쓴 것이었습니다.

『동몽선습』의 앞부분에는 유교에서 중요시하는 임금과 신하, 부모와 자식, 부부, 나이 많은 사람과 적은 사람, 친구 간에 지켜야 할 도리인 오륜을 설명했으며 뒷부분에는 중국과 한국의 역사를 약술했습니다. 책의 내용은 매우 간략한데 당시 사회에서 어린이가 공부해야 할 요점이 잘 정리되어 있습니다. 우리나라 역사를 단군부터 서술한 것도 특징입니다.

얼마 지나 이 책은 서당의 교재로 널리 쓰이다가 현종 이후부터는 궁중에서 세자가 공부할 때도 사용되었습니다. 조선 후기 실학자들도 이 책을 널리 읽어야 한다고 주장할 정도로 평가가 좋았습니다. 그러자 영조는 이 책을 나라에서 찍어서 널리 보급하도록 하고, 직접 서문을 썼

습니다.

이렇게 해서『동몽선습』은 조선 후기 서당 등에서 누구나 보는 책이 되었습니다. 교과서의 역할을 하게 된 것입니다. 이후 『동몽선습』은 개화기와 일제강점기까지도 많은 사람이 읽는 책이 되었습니다. 처음부터 역사를 가르칠 목적으로 만들어진 책으로는『동몽선습』이 처음이므로 이 책을 '우리나라 최초의 역사 교과서'라고 평가하기도 합니다.

교과서가 본격적으로 만들어진 것은 근대부터입니다. 조선은 1894년 각종 제도를 근대적으로 바꾸는 갑오개혁을 시행했습니다. 근대교육도 이때부터 시작된 것으로 보고 있습니다. 조선 정부는 지금의 초등학교에 해당하는 소학교를 세우고 여기에서 사용할 교과서를 만들기 시작했습니다. 이 중에는 역사 교과서도 있었습니다.

그렇지만 이 책들을 학교에서 반드시 교과서로 사용할 필요는 없었으며 교과서 심사를 별도로 하지도 않았습니다. 그래서 민간에서도 활발하게 역사 교과서들을 펴냈습니다. 그러다가 을사조약(1905년 일본이 우리의 외교권을 빼앗기 위해 강제로 체결한 조약으로 을사늑약이라고도 한다)의 체결로 일본의 내정간섭이 본격화한 이후인 1908년 '교과용도서검정규정'이 제정되어 심사에 통과한 책만을 학교에서 사용할 수 있게 되었습니다. 한국인의 민족 정서를 일깨우거나 일본에 비판적인 역사책은 교과서로 사용할 수 없게 된 것이지요.

그때까지 사용되던 많은 역사 교과서들이 검정 심사에서 탈락하였습니다. 1910년 한국의 국권을 완전히 빼앗은 다음에는 조선총독부가 직접 펴낸 책만 보통학교(오늘날의 초등학교) 교과서로 사용할 수 있었으며 중등학교 교과서도 일본에서 간행된 것을 심사를 거쳐 그대로 가져다 사용했습니다.

어떤가요, 교과서의 역사가 순탄하지 않지요? 역사 교과서에 대한 감시나 내용을 간섭하는 일도 일찍부터 있었고요. 역사 교과서를 둘러싼 사회의 갈등은 이 때문에 벌어집니다. 교과서를 둘러싼 이런 문제들은 〈Chapter 05 역사 갈등은 왜 일어날까요?〉에서 좀 더 자세히 살펴보도록 하겠습니다.

역사속
현재

'역사'가 된 역사가의 개인 기록

• • •

1993년 2월 『역사 앞에서』라는 제목의 책이 한 출판사에서 간행되었습니다. 책에는 '한 사학자의 6·25 일기'라는 부제가 붙어 있었습니다. 책의 저자는 6·25전쟁이 일어날 당시 서울대학교 교수였던 김성칠이었습니다.

김성칠은 일제하 경성제국대학교에서 역사학을 전공하고, 해방된 후 1947년부터 서울대학교 사학과 교수로 근무했습니다. 『역사 앞에서』는 해방 직후인 1945년 12월부터 1946년 4월까지와 1950년 1월의 기록도 있지만, 사람들의 관심을 모은 것은 6·25전쟁 시기인 1950년 6월부터 이듬해 4월 8일까지의 기록이었습니다.

이념이나 정치적 목적이 아닌 역사학자 개인의 눈에 비친 전쟁의 모습은 일반 사람들에게 신선한 느낌을 주었습니다. 그래서 여러 차례 다시 간행되었습니다. 책이 처음 나온 이듬해인 1994년에는 책의 내용을 다큐멘터리 형식으로 엮어서 6·25전쟁 특집 드라마로 방영하기도 했습니다.

• 『역사 앞에서』 •

일기는 일상적인 생활을 기록한 것이지요. 그런데 김성칠의 『역사 앞에서』는 이와는 성격이 좀 다릅니다. 책을 내려고 쓴 것도 아니고, 단순히 일상적인 하루하루의 생활이나 느낌을 쓴 것도 아닙니다. 김성칠은 해방 직후와 6·25전쟁이라는 격변의 시기, 자신의 눈에 비친 역사적 상황을 기록으로 남기고 싶은 마음에서 일기를 썼습니다. 『역사 앞에서』는 개인의 일기이면서도, 그 내용은 일상적인 생활보다는 전쟁 경험에 집중되어 있습니다. 또한, 자신의 관점이 들어가 있으면서도 보고 들은 이야기를 구체적으로 적었습니다.

역사가는 기록에 관심을 가집니다. 역사가가 기록하는 목적이 반드시 역사적 사실을 스스로 해석하여 재구성하려는 것만은 아닙니다. 자신이 쓴 기록을 나중에 역사를 연구하는 자료로 사용하거나 대중이 역사를 이해하는 자료로 사용할 수 있다는 기대감을 가지기도 합니다. 이것이 역사가가 역사를 기록하는 목적인 경우도 많습니다.

일기 외에 기행문 같은 글도 이런 성격을 띠는 경우가 많습니다. 특정 주제를 가지고 쓴 글이기 때문입니다. 문호 개방 이후 조선을 방문했던 외국인들의 기록에서 이런 사례를 찾아볼 수 있습니다. 조선 후기의 일반적인 사회 모습과 사람들의 생활을 기록한 자료가 그리 많지 않은 현실에서 이들의 기록은 근래 많은 관심을 끌어서 책으로도 여럿 번역되었습니다.

이 중에는 선교사 겸 의사로 조선 땅에 들어와 갑신정변 당시 부상당한 민영익을 치료하고 최초의 근대식 병원인 광혜원에서 진료를 보았던 앨런(Allen, Horace Newton)이 쓴 글이 있습니다. 그 밖에 캐나다 선교사가 조선의 풍속과 사람들의 생활 모습을 쓴 책, 청나라에 파견된 독일 언론인이 한국을 다니면서 취재한 글, 러일전쟁을 취재하기 위해 들어온 스웨덴의 신문기자가 대한제국 땅을 여행하면서 보거나 들은 이야기도 있습니다. 일제 하 영국 화가의 그림과 편지글도 눈에 띕니다.

• 광혜원 •

이들이 쓴 책에는 조선 말, 일제강점기의 지리와 산업, 한국인의 생활, 풍속 등 다양한 내용이 담겨 있습니다.

그런데 이들은 왜 이런 기록을 남겼을까요? 보고 들은 사실이나 느낀 점을 기록하는 것은 여행하는 사람들이 으레 하는 일입니다. 이들도 구체적인 목적을 가지고 기록한 것은 아니었습니다. 그렇다고 해서 자기 혼자 보려고 기록하지도 않았습니다. 자신들이 쓴 글을 통해 누군가가 조선과 조선인을 이해하기를 바랐을 것입니다. 아마도 이들은 유럽 사람들이 조선을 이해하고 연구하는 자료로 그 기록을 활용할 것이라고 기대했겠죠.

그러나 이들 책이 유럽이나 아메리카에 어느 정도 보급되고 얼마나 많이 읽혔는지는 확실하지 않습니다. 오히려 오늘날 한국에서 근대 사회의 모습을 밝히고 역사를 연구하는 자료로 많이 활용되고 있습니다. 개인이 남긴 글들이 하나의 '역사'가 된 것입니다.

역사를 어떻게
연구할까요?

사료가 그대로 역사적 사실이 되는 것은 아닙니다. 사료의 내용이 알려주는 역사
적 사실이 무엇인지를 밝히는 것이 역사가의 연구입니다. 역사가들은 사료의 내
용을 해석하여 과거에 일어났던 일을 재구성합니다. 그것이 바로 역사적 사실입
니다.

그렇다면 역사가들은 사료를 가지고 어떻게 역사를 연구할까요? 『삼국사기』 『삼
국유사』 『화랑세기』 등 우리나라 역사서와 중국인이 쓴 『고려도경』, 그리스 고전
인 『일리아스』 『오디세이』 이야기를 읽으며 사료를 바탕으로 한 역사 연구에 대
해 알아볼까요?

01

『삼국사기』와 『삼국유사』의 쓰기 방식은 왜 다를까요?

사료에는 기록과 유적·유물이 있어요

역사가들은 지난날 일어난 일을 어떻게 알 수 있을까요? 지금까지 남아 있는 과거의 자취를 연구하여 역사적 사실을 밝혀냅니다. 이처럼 역사 연구의 토대가 되는 지난날의 자취를 앞에서 '사료'라고 했지요?

사료 중에는 글로 쓴 기록도 있으며 생활에 사용하거나 무덤에 묻었던 물건도 있습니다. 글로 쓴 기록은 문헌 사료, 남아 있는 옛 물건은 '유물'이라고 부르지만, 지난날 어떤 일이 일어났는지 연구하는 자료라는 점에서 모두 사료입니다. 사료는 역사 연구의 기초이며 역사학은 사료가 있어야 성립하는 학문입니다.

역사가들이 사료 중에서도 가장 중요하게 생각하고 널리 이용하는 것은 문헌 사료입니다. '역사시대'라는 말 자체가 문자로 기록된 시대라는 뜻입니다. 역사시대와 대비되는 말은 '선사시대'입니다. '역사 이전 시대'라는 의미의 선사시대는 문자가 없는 시대입니다. 그러니까 '유물'을 통해서 알 수밖에 없겠지요.

그런데 문헌 사료는 반드시 실제로 일어났던 일을 직접 보고 기록한 것만은 아닙니다. 그보다는 오히려 이전 사료를 보고 그 내용을 다시 기록하는 경우가 더 많습니다. 그러다 보니까 하나의 사실이 한 번만 기록되는 것이 아니라 여러 번 기록되는 경우도 흔합니다. 반대로 한 번 기록에서 빠지면 그 뒤에도 누락되는 것이 보통입니다. 그렇다면 하나의 사실을 기록한 사료의 내용은 모두 같을까요?

가장 오래된 역사책 『삼국사기』와 『삼국유사』

지금까지 남아 있는 가장 오래된 우리나라 역사책은 『삼국사기』입니다. 『삼국사기』는 고려 인종 때인 1145년 김부식이 쓴 책입니다. 김부식은 『삼국사기』를 쓰면서 『구삼국사』라는 책에 의존했다고 합니다. 『구삼국사』가 정확한 책 이름인지는 확실하지 않지만, 삼국시대 역사를 기록한 책이 있었던 것만은 틀림없습니다.

『삼국사기』에 따르면 고구려에는 『유기』와 『신집』이라는 역사책이 있었고, 백제에는 『서기』가 있었습니다. 신라에서도 진흥왕 때 거칠부가 『국사』를 펴냈다고 하니까, 『삼국사기』를 쓸 때 이런 책들을 참고했을 것입니다. 그리고 '고기(古記)'라고 표기된 여러 종류의 책과 중국의 역사책들도 인용하였습니다.

그런데 삼국시대를 기록한 고려의 역사책은 『삼국사기』 말고도 여러 권이 있습니다. 충렬왕 때인 13세기 후반 승려 일연이 『삼국유사』를, 같은 충렬왕 때인 1287년 이승휴가 『제왕운기』를 썼습니다. 이보다 앞서 1241년 간행된 이규보의 『동국이상국집』에는 「동명왕편」이라는 서사시가 있는데 고구려 건국의 이야기가 실려 있습니다.

이 중 『삼국사기』와 더불어 삼국시대를 연구하는 데 가장 많이 활용되는 사료가 『삼국유사』입니다. 『삼국유사』는 고조선부터 후삼국까지의 역사를 이야기 중심으로 썼습니다. 신화나 설화 등 현실적으로 믿기 어려운 이야기도 있고, 지은이 일연이 승려이므로 불교 이야기도 많이 들어 있습니다. 그렇지만 정치뿐 아니라 풍속, 문학, 음악과 미술 등 사회의 다양한 측면을 포함하고 있어서 삼국시대 연구의 중요한 자료로 활용되고 있지요.

『삼국사기』와 『삼국유사』는 어떻게 다를까요?

『삼국유사』에는 『삼국사기』와 같은 사실을 기록한 내용이 많습니다. 그런데 두 책의 서술에서 차이가 나기도 합니다. 내용 자체가 다르기도 하고, 내용은 비슷한데 표현을 달리한 경우도 있습니다. 후자의 한 가지 예를 들어보겠습니다. 지증왕 이야기입니다.

지증왕은 신라 제22대 왕입니다. 상대적으로 뒤떨어졌던 신라를 고구려나 백제와 어깨를 견줄 만큼 발전시키는 데 큰 역할을 한 왕으로 평가를 받습니다. 농업에 힘을 써 소를 이용한 경작을 장려하였으며 순장, 즉 높은 지위에 있는 사람이 죽으면 시중을 들던 사람을 같이 묻는 풍속을 금했습니다. 장수인 이사부를 시켜서 울릉도를 정벌한 것도 잘 알려진 사실입니다.

지증왕은 '왕'이라는 명칭을 처음 사용할 정도로 권위가 있었던 통치자였습니다. 그렇다면 지증왕은 다른 사람보다 뛰어난 능력을 갖춘 인물이었을까요? 정말로 그럴지도 모르겠습니다. 『삼국사기』와 『삼국유사』는 모두 지증왕의 신체적 특징을 밝히고 있는데 좀 유별납니다.

『삼국사기』는 지증왕의 모습을 「신라본기」에서 이렇게 서술합니다.

왕비의 성은 박 씨이며 이름은 연제로 이찬(신라 시대 진골만이 오를 수 있는 높은 관직) 벼슬에 있는 등흔의 딸이다. 왕은 체격이 매우 컸고 담력이 남보다 뛰어났다.

뭐, 그저 밋밋한 서술이지요. 별다른 특색이 있어 보이지는 않습니다. 그렇지만 『삼국사기』는 다른 왕의 신체적 특징을 별도로 서술하고 있지 않습니다. 왜 지증왕만 특별히 서술했을까요? 『삼국유사』에서 그 단서를 찾을 수 있습니다. 『삼국유사』의 「기이」에 나타난 지증왕의 신체적 특징은 다음과 같습니다.

왕은 음경의 길이가 한 자 다섯 치나 돼 배필을 얻기 어려웠다. 그래서 사자를 3도에 보내서 배필을 구했다. 사자가 모량부 동노수 밑에 이르니 개 두 마리가 북만큼 큰 똥 덩어리의 양쪽 끝을 물고 싸우고 있었다. 사자는 그 마을 사람을 찾아보고 누가 눈 똥인가를 물었다. 한 소녀가 말하였다.

"이것은 모량부 상공의 딸이 여기서 빨래를 하다가 숲속에 숨어서 눈 것입니다."

그 집을 찾아가 살펴보니 그 여자는 키가 칠 척 오 푼이나 되었다. 이 사실을 왕께 아뢰자 왕은 수레를 보내서 그 여자를 궁중으로 맞아 황후에 봉하니 여러 신하들이 모두 하례했다.

『삼국유사』의 기록은 『삼국사기』보다 더 직설적이고 구체적이지요.

역사가들은 김부식이 일연과 같은 자료를 보았을 것으로 추측합니다. 그렇지만 유학자였던 김부식은 『삼국유사』처럼 그 내용을 그대로 옮기지 않고 점잖은 표현으로 고쳐 실었다는 것입니다. 신하로서 왕이나 왕비의 신체적 특징을 그처럼 노골적인 말로 묘사할 수 없었을 테니까요.

이에 반해 『삼국유사』는 자료의 내용을 그대로 옮긴 경우가 많습니다. 그래서 역사가들은 『삼국유사』의 내용이 자료의 원래 형태에 가까운 경우가 많다고 봅니다. 이런 이유로 왕의 명령에 따라 공식적으로 펴낸 『삼국사기』 외에 개인이 펴낸 『삼국유사』가 역사적 사실을 보여주는 사료로서 가치가 높다고 평가하기도 합니다.

단군신화를 처음 소개한 책이 『삼국유사』인 것을 알고 있나요? 『삼국유사』에 실려 있는 단군신화가 『삼국사기』에 빠져 있는 것도 같은 이유일지 모르겠습니다. 김부식이 보기에 단군신화는 허무맹랑한 이야기일 수 있을 테니까요.

이에 반해 일연이 『삼국유사』를 쓴 시기는 몽골과의 전쟁을 끝내고 원의 간섭을 본격적으로 받던 시기입니다. 역사를 통해 민족적 자긍심을 높일 필요가 있던 때이지요. 일연이 단군신화를 어디에서

· 단군상 ·

듣거나 읽었다면 구태여 싣지 않을 이유는 없었을 것입니다. 『삼국유사』의 단군신화와는 내용에서 차이가 있지만, 비슷한 시기에 간행된 이승휴의 『제왕운기』에 단군신화가 실려 있는 것도 같은 이유일 것입니다.

역사가들은 사료의 이런 성격을 염두에 두면서 그 내용을 해석합니다. 문헌 사료에 기록되어 있다고 해서 내용을 그대로 옮기는 것이 아니라 당시의 상황에 비추어 이해하고 실체를 되살리기에 힘씁니다. 사료의 지은이가 어떤 사람인지 고려하고, 왜 이런 사료를 남겼으며 어떻게 내용을 서술했는지 검토합니다. 사료의 내용을 그대로 받아들이기도 하지만, 때로는 그 안에 담긴 의미나 이를 통해 당시 사람들이 어떤 삶을 살았는지 확인하기도 합니다. 역사적 사실이 역사가의 해석이라고 했을 때, 가장 기본적으로 해석의 대상이 되는 것이 사료입니다.

02

『화랑세기』의 내용은 믿을 수 있을까요?

20세기 말 내용이 알려진 『화랑세기』

역사가들은 문헌 사료를 읽을 때 당시의 상황에 비추어 내용을 이해하고, 사료의 성격을 염두에 두고 해석한다고 했지요. 그렇지만 사료 내용을 이해하고 해석하기에 앞서 역사가들이 따져보아야 할 일이 있습니다. 사료 자체가 얼마나 믿을 만한지 평가하는 것입니다.

신라 성덕왕 때 귀족의 자제였던 김대문은 『화랑세기』『고승전』『계림잡전』 등 여러 권의 책을 썼습니다. 이 중 『화랑세기』는 이름에서 쉽게 짐작할 수 있듯이 신라 화랑들의 이야기를 담은 것입니다. 김부식이 『삼국사기』를 썼을 때 『화랑세기』는 남아 있었습니다. 그런데 이후 어

• 두 화랑의 맹세를 기록한 임신서기석 •

느 땐가부터 전해지지 않았습니다. 저도 중·고등학교에 다닐 때 『화랑세기』가 전하지 않는다는 사실을 모른 채, 김대문이 쓴 책의 이름을 열심히 외웠던 기억이 있습니다.

그런데 현대에 들어와서 손으로 옮겨 쓴 『화랑세기』가 발견되었습니다. 손으로 썼다고 해서 '필사본 『화랑세기』'라고 합니다. 1989년 책의 내용 일부가 알려진 데 이어 1995년에는 전체가 발견되었습니다. 필사본 『화랑세기』는 화랑의 최고 우두머리인 풍월주의 전기입니다.

이 책에는 화랑도의 기원, 조직과 운영, 활동, 계파 등이 자세히 쓰여 있습니다. 화랑은 신라 최고의 집안 출신이므로 왕실 사람들의 출생, 왕위의 계승, 왕실의 혼인 관계 등도 나옵니다. 역대 풍월주의 이름과 생애, 활동 등이 실려 있습니다. 또한 화랑들의 사랑 이야기나 성생활 등도 담고 있습니다.

이처럼 필사본 『화랑세기』에는 『삼국사기』나 『삼국유사』에는 없는 흥미로운 내용이 많습니다. 그래서 2009년에 방영된 MBC 인기 사극 「선덕여왕」은 필사본 『화랑세기』의 내용에 근거를 두고 줄거리를 만든 것입니다. 물론 드라마이니 거기에다 작가가 상상력을 더했겠지요.

필사본『화랑세기』는 왜 논란이 될까요?

　역사 교과서나 한국사 개설서에는 화랑의 조직이나 구체적 생활에 대한 서술이 일체 없습니다. 화랑도는 '단체 활동을 통해 무예와 사회 규범을 배웠다'와 같은 일반적인 내용만 나옵니다. 본문 서술 외에 읽기 자료나 탐구활동 자료에서 필사본『화랑세기』 내용을 소개하지도 않습니다. 왜 그럴까요?

　필사본『화랑세기』가 정말로 신라 때 김대문이 쓴『화랑세기』를 옮긴 것인지 의심하는 학자들이 많기 때문입니다. 필사본『화랑세기』는 박창화라는 역사학자가 쓴 것입니다. 박창화는 대학이나 연구소 등에서 역사를 연구하지 않은 일반인이지만, 여러 권의 역사책과 논문을 썼습니다. 필사본『화랑세기』를 믿지 않는 사람들은 이 책이 역사학에 조예가 깊었던 박창화가 창작한 것이라고 봅니다.

　이에 반해 필사본『화랑세기』가 진짜 김대문이 쓴 책과 같은 내용이라고 주장하는 사람들은 박창화가 1930~40년대 일본 궁내성 왕실도서관에 근무한 적이 있는데 이때『화랑세기』 원본을 보고 필사한 것이라고 합니다. 이 주장에 따르면 일본에 김대문이 쓴『화랑세기』가 보존되어 있는 것이지요.

원래 있던 책이 아니라 후세의 누군가가 그럴듯하게 꾸며서 쓴 책을 '위서(僞書)'라고 합니다. 필사본『화랑세기』가 위서인지 아닌지를 놓고 발견된 이후부터 지금까지 학계에서는 논란이 계속되고 있습니다. 위서라는 의견이 많기는 하지만, 진서(眞書)라는 주장도 여전히 존재합니다. 위서 또는 진서라고 주장하는 사람들은 각각 자기 주장의 근거를 제시하고 또 상대방 주장을 반박하고 있습니다.

이 논쟁은 상당히 전문적인 데다가 필사본『화랑세기』의 진위(참과 거짓, 또는 진짜와 가짜)를 따지는 것이 이 책의 목적이 아니므로 구태여 양측의 주장을 여기에 자세히 옮기지는 않겠습니다. 다만 이런 이유로 필사본『화랑세기』의 내용은 일반적으로 볼 수 있는 한국사 책에는 반영되어 있지 않다는 것만 알아두세요.

가짜로 평가받는 역사책도 있어요

위서라는 이유로 역사 연구에 활용되지 않는 책은 의외로 많습니다. 인터넷 자료를 보면 한국상고사가 일제의 식민사학과 거기에서 벗어나지 못하는 역사학자들 때문에 축소·왜곡되었다는 주장을 쉽게 찾을 수 있습니다. 이런 주장은 1970년대에 본격화한 이후 현재까지 계속되고 있습니다.

이런 주장을 하는 사람들이 근거로 삼고 있는 대표적인 책이 『환단고기』입니다. 『환단고기』는 1911년 계연수가 그때까지 전해지던 5종의 책을 묶어서 편집했다는 책으로 한국 사회에는 1982년에 알려졌습니다. 그러나 대부분의 역사학자들은 이 책을 사료로 이용하고 있지 않습니다. 근대 이후 만들어진 위서라는 것입니다.

필사본 『화랑세기』나 『환단고기』 사례를 보면 옛 기록이라고 해서 역사가들이 그대로 받아들이지 않는다는 것을 알 수 있습니다. 역사가들은 문헌 사료를 볼 때 우선 사실 여부와 신뢰성을 검토합니다. 사료 내용 자체의 모순이 없는지 따지기도 하고, 다른 사료의 내용과 대조하기도 합니다.

이 작업은 문헌 사료를 해석하기 전에 해야 하는 기초 연구입니다. 다만 다양한 문헌들이 전해지는 조선 이후의 사료들은 이처럼 통째로 사실 여부가 논란이 되는 경우는 별로 없습니다. 아무래도 시간상으로 오래되었고, 다른 기록이나 사료가 별로 없는 고대사 사료를 둘러싸고 논란이 일어나는 경우가 많습니다.

03

『일리아스』와 『오디세이』의
트로이 역사는 사실일까요?

문헌을 통해 유물과 유적을 확인해요

　문헌 사료가 없거나 부족할 경우 유물이나 유적은 과거의 사실을 밝혀줄 훌륭한 사료가 됩니다. 설사 기록이 있다고 하더라도 명확하거나 구체적이지 않을 경우, 유물은 이를 보완하는 역할을 합니다. 때에 따라서는 문헌 기록보다 유물이 더 중요한 사료가 되기도 합니다. 한마디로 문헌 기록과 유물은 상호 보완하는 역할을 합니다.

　경주시 배반동에는 신라 제31대 왕인 신문왕의 능이 있습니다. 신라의 왕릉 중에서도 비교적 잘 정비되어 있고 안내도 잘 되어 있어서 관광객들이 많이 찾습니다. 그런데 학자들 사이에서는 이 무덤이 신문왕

릉이 아니라 제32대 왕인 효소
왕릉이라고 보는 견해가 많습니
다. 『삼국사기』에는 신문왕을 낭
산 동쪽에 묻었다고 되어 있는
데 현재의 신문왕릉은 낭산 남
쪽에 있기 때문입니다.

· 신문왕릉 ·

　반면에 효소왕을 망덕사 동
쪽에 장사지냈다고 되어 있습니
다. 현재의 신문왕릉이 이 위치에 해당하는 것입니다. 이처럼 문헌 기
록을 통해 유물이나 유적을 확인하는 일은 사료 연구의 기본입니다.

『일리아스』 이야기는 허구가 아니라 사실이었어요

　문헌 사료와 유물 · 유적의 상호작용을 보여주는 대표적 사례가 트
로이 문명의 발굴입니다. 그리스의 작가 호메로스(Homeros)가 쓴 『일리
아스』는 오랫동안 유럽 사람들에게 널리 읽혔던 서사시였습니다. 지금
도 세계 많은 사람이 읽고 있고요. 『일리아스』는 그리스와 트로이 사이
의 전쟁을 소재로 하고 있습니다. 이 전쟁은 10년에 걸쳐 일어난 사건
으로, 그리스 신화에 나옵니다. 그리스와 트로이의 영웅들은 물론, 신

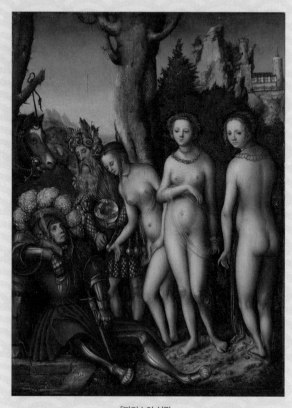

· 「파리스의 심판」 ·

『일리아스』는 그리스와 트로이 사이의 전쟁을
소재로 하고 있어요. 그림은 트로이 왕자 파리스가
헤라, 아테나, 아프로디테 세 여신 중
누가 아름다운지 심판하는 모습으로,
이 사건은 후에 트로이 전쟁의 원인이 되었어요.

들도 두 편으로 나뉘어 전쟁에 직·간접적으로 참여했습니다. 『오디세이』는 전쟁이 끝난 다음 이 전쟁에 참가했던 영웅인 오디세우스(Odysseus)가 고향으로 돌아오면서 겪은 여러 가지 모험을 쓴 글입니다. 사

· 트로이 유적 ·

람들은 두 작품이 호메로스의 창작물이라고 여겼습니다.

그런데 19세기 후반 독일의 고고학자인 하인리히 슐리만(Heinrich Schliemann)은 이 이야기가 단순한 창작이 아니라 사실에 기반을 둔 것이라고 판단했습니다. 실제로 트로이라는 나라가 존재했으며 그리스와 전쟁을 한 것도 사실이라고 생각한 것입니다. 그래서 자신의 돈을 들여서 지금의 소아시아 지역을 발굴하여 트로이 유적을 확인했습니다.

슐리만의 발굴로 『일리아스』는 순수한 창작이 아니라 실제로 있었던 역사적 사실을 소재로 한 것임이 밝혀졌습니다. 문헌 사료와 유적·유물의 상호작용을 잘 보여주는 사례이지요. 한편, 슐리만은 원래 사업가로 학문보다는 돈을 벌려는 목적으로 발굴에 나서 유적·유물의 보존이나 연구에 소홀했다고 비판받기도 합니다.

04

전곡리 유적은 어떻게
선사시대 역사를 바꾸었을까요?

주먹도끼 발견으로 역사를 바꾸다

슐리만의 트로이 전쟁 유적 발굴은 문헌 기록에 근거를 둔 계획적인 것이었습니다. 많은 유물들은 이처럼 계획적인 발굴의 결과로 발견됩니다. 그런데 우연히 발견되어 과거의 사실을 바꾸어놓는 경우도 많습니다. 경기도 전곡리의 구석기 유적이 그런 사례입니다.

1978년 3월 한탄강에 놀러 왔던 그렉 보웬(Greg Bowen)이란 한 미군 병사는 커피를 마시기 위해 물을 끓이려고 돌을 모으다가 예사롭지 않은 모양의 돌을 발견합니다. 일반인이 보았다면 그냥 넘어갔겠지만, 원래 고고학을 전공하다가 입대했던 보웬은 이 돌이 자연적으로 생겨난

• 전곡리 구석기 유적지 / 주먹도끼 •

상태가 아님을 알아차렸습니다. 그래서 돌의 사진을 전문가에게 보내서 확인한 결과 주먹도끼로 확인되었습니다.

주먹도끼는 '구석기시대의 맥가이버 칼'로 불릴 만큼 다양한 용도로 사용되던 뗀석기로 구석기시대를 대표하는 도구입니다. 그때까지 아시아에서는 주먹도끼를 사용하지 않았다는 것이 고고학계의 일반적 학설이었습니다. 이 학설은 근대 고고학의 체계를 세운 서양학자들이 유럽 문명이 아시아보다 일찍 발전했다는 주장을 이론적으로 뒷받침하기 위한 것이기도 합니다.

그런데 전곡리에서 주먹도끼가 발견되면서 이런 학설이 단번에 깨진 것입니다. 이후 대대적인 지표 조사와 발굴을 거쳐 전곡리 구석기 유적이 그 모습을 드러내게 되었습니다. 우연한 발견이 선사시대 세계의 역사를 바꾸어 놓은 셈입니다.

배수로 공사 중 발견된 백제 무덤

이처럼 중요한 유적이나 유물이 우연히 발견되는 사례는 종종 있습니다. 해방 이후 단일 유적으로는 가장 많은 유물이 나온 무령왕릉도 우연히 발견됐습니다. 무령왕릉이 위치한 충청남도 공주시 송산리에는 6개의 무덤이 있었습니다. 이 무덤들은 일제강점기 때 모두 도굴당한 상태로 누구의 무덤인지도 모르고 유물도 전혀 나오지 않아서 그냥 숫자로 1~6호분으로 구분하고 있었습니다.

그런데 1971년 송산리 6호분에 스며드는 물을 막기 위해 배수로를 파는 공사를 하던 중에 우연히 무령왕릉의 입구가 발견되었습니다. 다른 무덤과는 달리 무령왕릉은 전혀 도굴되지 않은 상태여서 무려 4,600여 점의 유물이 나왔습니다. 이 중 국보로 지정된 것만 12종류 17건이었습니다. 바로 옆에 붙어 있는 무덤들이 철저히 도굴된 것을 생각하면 기적과 같은 일이죠.

더구나 발굴된 유물 중에서는 이 무덤의 주인이 무령왕과 그 부인임을 알게 해주는 지석(誌石)도 있었습니다. 무령왕과 왕비의 장례를 지낼 때 무덤으로 쓸 땅을 신에게 산다는 내용이 적힌 돌입니다. 지석은 유물의 연대나 성격을 정확히 알려준다는 점에서 매우 중요한 유물입니다. 무령왕릉에서 나온 유물들은 백제의 무덤 건축양식이나 장례 풍습은 물론 중국·일본과의 교류를 밝혀주었습니다. 문헌 기록만으로 확

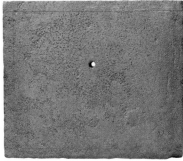

• 무령왕릉 지석 앞면/뒷면 •

인하기 어려운 백제 역사의 여러 모습이 유물을 통해 밝혀진 사례였습
니다.

석가탑 수리 때 발견된 가장 오래된 목판본

이밖에도 교과서에도 나오는 유명한 유적이나 유물이 우연히 발견되
거나 역사적 사실이 밝혀진 경우가 종종 있습니다. 목판인쇄로 찍어낸
세계에서 가장 오래된 글인 『무구정광대다라니경』은 1966년 불국사 석
가탑을 수리할 때 나왔습니다. 한 도굴꾼이 석가탑을 훼손하는 바람에
어쩔 수 없이 해체, 복원하는 공사를 하다가 탑 속에서 찾은 것입니다.
백제의 첫 도읍지인 위례성의 중심지로 알려진 서울 강동구의 풍납

동 토성은 1925년 큰 홍수가 났을 때 성벽이 무너져 일부 유물이 발견되면서 세상에 알려지기 시작했습니다. 1997년에는 아파트 공사를 하기 위한 조사를 하다가 백제 유물이 대량으로 발견되면서 백제의 도읍지였을 것으로 추정하는 견해가 훨씬 많아졌습니다.

'백제인의 미소'라고 불리는 유명한 백제 불상인 서산 용현리 마애여래삼존상('서산마애삼존불'의 정식 명칭)은 원래 마을 사람들에게 '마누라를 두 명 둔 산신령'이라고 알려졌습니다. 그런데 근처에 있는 보원사라는 절터를 조사하던 학자들이 이 말을 듣고 확인해본 결과 부처를 바위에 새긴 것임이 밝혀졌습니다.

우연히 발견되거나 알려진 문화재가 꽤 되지요? 그렇지만 역사적 사실은 이를 자료로 연구한 결과 밝혀지는 것이니까 우연한 것만은 아닌 셈입니다.

05

광개토대왕릉비는
조작되었을까요?

일부러 고쳤다고 의심받는 광개토대왕릉비문

앞에서 우리는 문헌 사료가 종종 의도적으로 왜곡 서술되거나 조작되는 경우가 있다는 이야기를 했지요. 여기에 비하면 유물이나 유적은 그런 경우가 상대적으로 적을 것입니다. 문헌 사료는 일어난 일을 나중에 기록한 것인데 반해 유물은 바로 그 당시의 것이니까요. 그렇지만 유물의 왜곡이 반드시 없는 것은 아닙니다. 너무나 잘 알려진 광개토대왕릉비의 경우가 그런 문제로 논란이 되는 대표적 사례입니다.

광개토대왕릉비는 그 아들인 장수왕이 광개토왕의 업적을 기리기 위해 414년 지금의 중국 지린성 지안시에 세운 것입니다. 높이 6.39m의 비석의 네 면에는 44행 1,775자로 고구려 건국신화와 초기 주요 왕들의 활동, 그리고 광개토왕의 업적이 빼곡하게 적혀 있습니다. 특히 광개토왕의 정복 활동과 영토 관리를 일어난 순으로 정리하였습니다.

광개토대왕릉비의 내용이 알려진 것은 19세기 후반입니다. 만주에서 정보를 수집하던 일본 육군 중위 사카와가 1883년 가져온 탁본을 일본 육군 참모본부가 5년여의 비밀 연구 끝에 1888년 내용을 세상에 공개했습니다. 그러나 이 과정에서 비문의 일부 글자를 조작하였다는 의심을 받고 있습니다.

탁본은 금속이나 돌 등의 표면에 새겨 있는 글씨나 그림을 그대로 본뜬 종이를 말합니다. 금석(金石) 표면의 글씨나 그림은 눈으로 식별하기 어려우므로 내용을 정확히 확인하기 위해 탁본을 뜨는 경우가 많습니다.

• 광개토대왕릉비(중국 집안) / 광개토대왕릉비 탁본 •

탁본은 어떻게 할까요? 금석의 표면에 종이를 밀착시켜 붙인 다음 표면을 문지르면 글씨나 그림의 패인 부분은 안쪽으로 들어가게 됩니다. 그런 다음 솜방망이에 먹물을 묻혀 두드리면 패인 부분에는 먹이 묻지 않아서 글씨나 그림이 잘 드러나게 됩니다.

그런데 사카와가 가지고 간 것은 정식 탁본이 아니라 이보다 간단하게 만든 것입니다. 광개토대왕릉비에 종이를 붙인 다음, 글씨 부분만 대강 본을 뜨고 나중에 글씨가 아닌 부분에 먹을 찍는 방식이었습니다. 먹을 묻히는 과정에서 글씨를 바꾸는 것이 가능했고, 이 탁본도 그런 식으로 변조했다는 주장이 나왔습니다. 이후 일본과 청나라는 선명한 광개토대왕릉비 탁본을 얻기 위해 비석 표면에 석회 칠을 했는데 이 과정에서 비석이 일부 마모되거나 문자가 바뀌기에 이르렀다고 합니다.

그런데 왜 일본 군인들이 역사를 연구한 것일까요? 당시 일본은 한반도와 만주 지역을 침략하려는 욕심을 가지고 있었습니다. 그래서 만주 지역의 지리, 역사, 풍속 등에 대해 조사했던 것입니다. 이즈음부터 일본은 한반도 침략을 합리화하기 위해 역사를 왜곡하기 시작했습니다. 한국과 일본의 조상은 원래 같았다는 일선동조론(日鮮同祖論), 고대에 일본이 한반도 남부를 지배했다는 임나경영설 등이 나왔습니다.

이 중 임나경영설은 왜가 4세기 중반 가야 지역을 정벌해서 점령을 하고 임나일본부라는 기관을 세워 약 200년간 한반도 남부를 통치했다는 주장입니다. 이런 내용은 일본 역사책인 『일본서기』에 나오는 것입니다.

그런데 『일본서기』는 내용의 왜곡이나 오류가 많아서 사료로서 가치를 둘러싸고 논란이 있고 내용의 신뢰성도 의심을 받고 있는 터였습니다. 더구나 우리 역사책인 『삼국사기』 등에는 왜가 신라를 침공했다는 기록이 많이 나오는데도 임나일본부 관련 내용은 전혀 없습니다.

그래서 일본은 임나경영설을 뒷받침할 만한 다른 증거가 필요했습니다. 광개토대왕은 신라를 도와서 한반도 동남부를 침공한 왜를 격파한 적이 있습니다. 일본은 광개토대왕릉비에 기록되어 있는 이 사실을 들어서 임나경영설을 뒷받침하는 증거라고 주장한 것입니다.

일본이 정말 백제와 신라를 정복했을까요?

한문으로 되어 있기는 하지만, 일본의 역사 왜곡 논란 중에서도 워낙 자주 언급되는 부분이므로 광개토대왕릉비의 관련 기록을 옮겨 볼까요?

倭以辛卯年來渡海破百殘〇〇〇羅 而爲臣民.

(왜이신묘년래도해파백잔〇〇〇라 이위신민)

이 내용은 광개토대왕릉비의 391년 기록에 나오는 것입니다. 그 해가 '신묘년'이어서 흔히 '신묘년 기사'라고 부릅니다. 여기에서 '백잔'은 고구려가 백제를 낮춰 부른 명칭입니다. 읽을 수 없는 세 글자는 끝의 '라'와 연결하면 신라, 가라(가야)로 추측됩니다. 이 내용을 일본의 식민 사학자들은 "왜가 신묘년에 바다를 건너와서 백잔과 ○○○라를 격파하고 신민으로 삼았다"고 번역해서 임나경영설의 근거로 삼은 것입니다.

우리나라 일부 학자들은 이 내용을 일본 식민사학자들과는 달리 해석하기도 합니다. 예를 들어 광개토대왕릉비는 고구려의 입장에서 쓴 것이므로 주어를 고구려로 보아서, "왜가 신묘년에 건너와서 (광개토대왕이) 격파했다. 그리고 백제와 ○○○라를 신민으로 삼았다"라는 것입니다. 그렇지만 학계나 사회에서 이보다 더 논란이 된 것은 신묘년 기사의 글자를 일본이 변조했다는 주장입니다.

이런 주장을 하는 사람들은 먼저 탁본의 글자를 변형한 다음, 비문에 석회 칠을 하는 과정에서 이에 맞게 내용을 고쳤다고 봅니다. '왜(倭)', '래(來)', '해(海)' 등의 글자가 집중적으로 의심을 받고 있습니다. 이밖에도 어떤 글자가 왜곡되었는지 다양한 의견들이 있지만, 이런 연구들을 여기에서 일일이 소개할 수는 없으므로 생략하겠습니다.

광개토대왕릉비의 글자가 실제로 변조되었는지는 명확하지 않습니다. 이에 대해서는 한국과 중국, 일본 학자들의 의견이 다르며 각국 내부에서도 학자들 사이에 다양한 견해가 나오고 있습니다. 다만 지금은 일본 학자들도 광개토대왕릉비 변조와 상관없이 임나경영설을 그대로 믿는 사람은 별로 없습니다.

유적이나 유물도 조작되는 경우가 있어요

광개토대왕릉비 탁본처럼 어떤 목적을 가지고 유물을 조작하는 경우는 종종 있습니다. 실제로 일본에서는 황당하다는 생각까지 드는 유물 조작 사건이 일어났습니다. 후지무라 신이치(藤村新一)라는 일본의 고고학자는 1980년대 초부터 구석기 유물을 많이 발굴했습니다. 그가 발굴하는 곳마다 유물이 쏟아져 나와 '신의 손'이라고 불릴 정도였습니다. 그때까지 일본에서는 수만 년 전의 구석기 유물도 없었지만, 그의 발굴로 60만 년 전에 이미 일본에 인류가 살았고 구석기 문화가 시작된 것으로 바뀌었습니다. 그의 업적은 방송에 대대적으로 소개되고 교과서에도 실렸습니다.

그러나 후지무라가 발굴한 유물은 실제로는 자신이 몰래 묻어둔 것들이었습니다. 그렇게 하고서 마치 구석기 유물을 찾아낸 것처럼 가장했습니다. 2000년 언론에 의해 이 사실이 알려지자 가짜로 판명된 유물은 국가 지정 문화재에서 취소되고 교과서에서도 삭제되었으며 그가 펴낸 책들도 폐기 처분되었습니다. 첨단 기술이 발달한 일본에서 약 20

년간 후지무라가 가짜 유물을 스스로 묻고 발굴한 것을 몰랐다니 좀 어처구니없다는 생각이 들기는 합니다.

이 경우는 유물 조작이 명확히 확인된 사례이지만, 조작 여부가 논란이 되는 경우는 우리나라에서도 있습니다. 현재 남아 있는 세계에서 가장 오래된 금속활자로 찍은 책은 『직지심체요절』입니다. 『직지심체요절』은 1377년 청주에 있는 흥덕사지에서 찍은 것입니다. 상·하 두 권으로 되어 있는데 이 중 하권만 프랑스 파리의 국립도서관에 보관되어 있습니다. 『직지심체요절』은 금속활자로 찍은 책이지만, 이 책을 찍은 금속활자 자체는 남아 있지 않습니다.

그런데 2010년 『직지심체요절』을 찍은 때보다 적어도 138년 이상 앞서 만들어진 금속활자가 발견되었다는 주장이 나왔습니다. 그 금속활자가 바로 '증도가자(證道歌字)'인데 12점의 활자가 공개된 것입니다. 이후 '증도가자'로 추정되는 활자의 수는 109점까지 늘어났습니다. '증도가자'라는 이름은 『남명천화상송증도가(南明泉和尙頌證道歌)』라는 책을 찍을 때 사용되었을 것으로 추정된다고 해서 붙여진 이름입니다.

· 고려 시대 금속활자 ·

현재 남아 있는 『남명천화상송증도가』는 1239년에 목판으로 찍은 책으로 보물 758-1호로 지정되어 있습니다.

이 책의 끝부분에 "원본은 금속활자로 편찬됐지만 전해지지 않아 목판으로 복각해 찍었다."라는 내용이 나옵니다. '증도가자'가 그 금속활자라는 것입니다. 이런 주장이 사실이라면 금속활자를 발명한 시기가 앞당겨지는 데다가 『직지심체요절』과는 달리 활자 자체가 발견된 것이므로 그 가치가 매우 높습니다. 활자의 역사를 새로 써야 한다는 주장까지 있을 정도입니다.

하지만 이 활자들이 위조되었다고 보는 사람들도 많아서 지금까지 논란이 계속되고 있습니다. 그래서 대표적인 감정 기관인 국립과학수사연구소에서 이 활자들 중 7점을 감정했습니다. 2015년 10월 국립과학수사연구소는 이 활자가 위조되었을 가능성이 높다고 발표했습니다. 활자에 덧댄 흔적이 있고, 겉과 속의 성분에 차이가 있다는 것입니다. 그렇지만 아직도 일부에서는 국립과학수사연구소의 감정 결과를 믿지 않고 진짜라고 주장하고 있습니다.

유물도 문헌 사료와 마찬가지로 역사적 의미를 해석하기에 앞서 진짜인지를 가려야 합니다. 사료로서 믿을 만한지를 따져야 하는 것은 문헌 기록이나 유물이나 마찬가지입니다. 당연히 진짜인 것이 확인되지 않는다면 연구 자료로 사용되지 않습니다. 증도가자를 한국사 개설서나 교과서가 싣지 않고 있는 이유도 여기에 있습니다.

06

서긍은 한 달 만에 『고려도경』을 썼을까요?

고려청자의 푸른빛을 '비색'이라고 하는 이유

고려 시대의 가장 뛰어난 예술품은 무엇일까요? 아마도 많은 사람이 고려청자를 꼽을 것입니다. 고려청자는 미적 감각이 뛰어난 겉모습과 아름다운 무늬, 이를 새기는 기법 등으로 유명하지만, 무엇보다도 청자의 은은한 색을 첫손으로 꼽는 경우가 많습니다. 고려청자의 빛을 표현하는 말이 '비색'입니다. 그런데 '비색(翡色)'을 사전에 찾아보면 '고려청자와 같은 푸른색'이라고 설명되어 있습니다. '비색'의 '비(翡)'는 비취의 '비'와 같은 글자이지만, 비색은 '비취와 같은 색'이라는 의미가 아니라 '고려청자와 같은 색'입니다. 즉, '비색'은 고려청자의 고유한 색을 가리키는 말입니다.

고려청자의 푸른빛을 '비색'이라고 부르게 된 연원은 어디에 있을까요? 고려 시대에 송나라 사람이 지은 『고려도경』이라는 책에는 "도기의 푸른색을 고려인은 '비색'이라고 부른다. 근래는 제작 기술이 정교해져 빛깔이 더욱 아름다워졌다."라고 쓰여 있습니다. 후대 사람들이 고려청자의 색을 보고 '비색'이라고 표현한 것이 아니라, 당시 고려인들이 스스로 '비색'이라고 부르던 것을 오늘날에도 그대로 이어받아서 사용하는 것입니다.

고려 시대 역사를 연구하는 사람들이 기본적으로 보는 책은 『고려사』와 『고려사절요』입니다. 『고려사』와 『고려사절요』는 고려 시대에 일어났던 일을 기록한 책으로 조선 시대 정부가 공식적으로 펴낸 것입니다. 『고려사』는 세종 때인 1449년 쓰기 시작하여 문종 때인 1451년 완성했습니다. 『고려사절요』는 그다음 해인 1452년에 편찬되었습니다. 『고려사』는 기전체, 『고려사절요』는 편년체로 기록됐습니다.

기전체는 앞에서 왕과 신하, 위인, 제도 등을 나누어 쓰는 방식이라고 했죠. 편년체(編年體)는 역사를 일어난 순서대로 쓰는 방식을 말합니다. '절요(節要)'라는 말은 줄여서 중요한 사실을 간추렸다는 뜻이지만, 실제로는 『고려사』에 없는 사실이 『고려사절요』에 들어 있는 경우도 많으므로 두 책은 서로 보완적인 관계라고 할 것입니다. 우리가 공부하는 고려 시대의 역사는 대부분 두 책을 연구해서 밝힌 것입니다. 오늘날뿐

아니라 조선 시대에 간행된 역사책 중 고려 시대 내용도 이를 토대로
쓴 것입니다.

고려 체류 경험으로 쓴 서긍의 『고려도경』

　『고려사』와 『고려사절요』 외에 고려 시대 모습을 보여주는 책으로 주
목받는 것은 『고려도경』입니다. 『고려도경』은 우리나라 사람이 아니라
송나라 사람 서긍이 쓴 책입니다. 서긍은 고려에 한 차례 와서 약 한 달
간 머물렀을 뿐입니다. 그런데 이 경험을 바탕으로 제도와 문물, 풍속,
지리 등 고려 사회의 전반적 모습과 사람들의 생활을 기록했습니다. 놀
라운 일이지요.

　서긍은 인종이 즉위한 이듬해인 1123년 6월 초에 고려에 왔습니다.
그는 200명이 넘는 대규모 송나라 사신단
의 일원이었습니다. 송나라 사신단은 이
때부터 송으로 돌아간 7월 13일까지 한 달
남짓 고려에 머물렀습니다. 이들은 고려의
국왕을 만나기도 하고 신하들과 회담도 하
였습니다. 그리고 5~6차례 고려 사회를 둘
러보는 기회를 가졌습니다. 『고려도경』은

• 『고려도경』에 나오는 은제도금화형탁잔 •

이때 서긍이 보고 들은 것들을 글과 그림으로 상세히 기록하여 펴낸 책입니다. '도경(圖經)'이라고 이름 붙인 것도 그림이 들어 있기 때문입니다. 그러나 송나라가 금나라와 전쟁을 하던 중에 그림이 들어 있는 책은 없어지고, 현재 남아 있는 책에는 글만 있습니다.

서긍은 어떻게 불과 한 달여 머문 경험으로 고려 사회와 사람들의 다양한 측면을 기록할 수 있었을까요? 서긍은 사신의 한 사람으로서 자신이 해야 할 일은 고려의 상황을 가급적 자세히 송나라 황제에게 보고하는 것이라고 생각했습니다. 그래서 겪었던 일과 보고 들은 사실을 꼼꼼히 기록했습니다. '말을 달리면서도 두루 묻고' 생각할 정도였습니다. 서긍은 송으로 돌아간 지 약 1년 후에 『고려도경』을 써서 송나라 황제에게 바쳤습니다. 자신이 사신으로 다녀오면서 기록한 내용을 고려에 대한 정보가 담긴 다른 책이나 글과 대조하면서 1년 동안 정리했을 것입니다.

『고려도경』에는 서긍 개인의 기록뿐 아니라 고려에 대해 당시 송나라가 가지고 있던 정보가 망라되어 있다는 평가를 받습니다. 하지만 한 달 남짓 머문 경험으로 쓴 책이라면 잘못된 사실들이 많지 않을까요? 그래서 역사학자들은 『고려도경』의 내용을 그대로 믿기보다는 『고려사』나 『고려사절요』와 같은 기본적인 역사책들과 대조하여 확인하면서 활용합니다.

고려 사회와 백성의 일상을 보여주는『고려도경』

『고려도경』이 고려 시대 역사를 연구하는 데 주목받는 것은『고려사』나『고려사절요』에는 나오지 않는 내용을 담고 있기 때문입니다. 『고려사』나『고려사절요』는 국가에서 펴낸 것이므로 정치나 외교, 군사, 제도, 국왕이나 지배층의 생활과 행동 등을 중점적으로 기록했습니다.

• 『고려도경』 •

하지만『고려도경』에는 백성의 생활이나 사회의 일상적인 모습, 풍속이나 관습 등 고려 백성들의 생활을 자세히 전하며 도로나 항구의 상황, 거리와 시장의 모습도 서술되어 있습니다. 고려청자의 빛깔을 '비색'이라고 부른다고 기록하는 등 고려 사회와 사람들의 예술성에도 관심을 보입니다.

물론『고려도경』에는 고려를 바라보는 송나라와 서긍의 시각이 들어가 있습니다. 그러기에 편견이나 잘못된 내용도 있습니다. 역사학자들은 이런 점을 고려하면서 고려 시대를 연구하는 자료로 활용합니다. 그리고 『고려도경』을 통해 고려 시대의 다양한 모습을 밝히려고 노력합니다.

'사료 비판'은 무엇이며
어떻게 할까요?

이제까지 살펴본 것처럼 역사가들은 사료를 해석하기에 앞서 그 사료가 얼마나 믿을 만한지 확인합니다. 이를 '사료 비판'이라고 합니다. 사료 비판은 역사가들의 연구에서 첫 번째 절차인 셈입니다. 그러면 사료 비판을 어떻게 할까요?

우선 사료가 진짜인지를 확인합니다. 만약 어떤 문헌 사료가 '위서'이거나 유물이 '가짜'라면 내용을 더 검토할 필요는 없을 테니까요. 그런데 진짜와 가짜를 어떻게 가려낼까요? 거기에는 역사학뿐 아니라 다양한 학문이나 심지어 과학기술도 이용됩니다. 예를 들어 고려 시대 간행되었다고 적혀 있는 책이 있다고 합시다. 글자의 모양은 시기에 따라 달랐습니다. 활자의 경우도 그렇고, 목판에 새긴 글자체도 달랐습니다. 그렇다면 글자체를 보고 고려 시대에 쓴 것인지 분석할 수 있겠죠.

글자체뿐 아니라 사용된 종이와 책을 제본하는 방식 등도 시기에 따라 다르므로 책이 나온 때가 언제인지 판단하는 기준이 될 것입니다. 물론 책의 내용도 사실 여부를 판단하는 데 이용됩니다. 예를 들어 조선 초에 쓴 책이라고 되어 있는데 내용 중에 이후의 관직이나 지명이 나온다면 조선 초에 간행되었다는 것은 거짓이겠죠. 그렇다면 '위서'가 되는 것입니다.

이에 반해 선사시대 유물 등을 확인할 때는 과학의 힘을 빌리는 경우가 많습니다. 예를 들어 '방사성탄소 연대 측정법'과 같은 말을 들어보았나요? 물건에 남아 있는 방사성탄소의 양을 측정하여 얼마나 오래된 물건인지를 판단하는 것입니다. 살아 있는 생물의 몸에는 방사성탄소가 일정한 밀도로 유지됩니다. 호흡을 통해 대기 속의 이산화탄소를 받아들이기 때문입니다. 그렇지만 죽은 다음에는 호흡 활동이 없으므로 몸속의 방사성탄소가 일정한 속도로 줄어들게 됩니다.

방사성탄소가 반으로 줄어드는 기간은 5730±40년이라고 합니다. 이런 원리를 이용해서 유물에 남아 있는 방사성탄소의 양을 측정하면 언제 죽은 것인지 알 수 있겠죠. 오래된 유물이 언제 생겨난 것인지 측정할 때 흔히 이 방법을 사용합니다.

책이 위서가 아니거나 유물이 진짜라고 해서 반드시 역사 연구에 이용되는 것은 아닙니다. 위서가 아니더라도 연구를 위한 사료로서 가치가 없을 수도 있으니까요. 황현은 일본에 국권을 빼앗긴 것에 울분을 느끼고 자결한 유학자입니다. 권력자들에게도 비판을 망설이지 않은 대쪽같은 인물로 유명하지요. 황현이 지은 책 중에 『매천야록(梅泉野錄)』이 있습니다. 고종의 즉위부터 1910년 일본에 국권을 빼앗길 때까지 역사를 기록한 책입니다. '매천'은 황현의 호이고, '야록'은 세상에 떠도는 이야기를 기록한 것이라는 의미입니다.

· 매천 사당 ·

『매천야록』에는 다른 기록에서는 찾아볼 수 없는 사실들이 많이 담겨 있습니다. 그래서 이 시대를 공부하는 사람들이 많이 봅니다. 그렇지만 『매천야록』을 역사 연구의 기본 사료로 활용하는 역사학자들은 없습니다. 『매천야록』의 내용은 황현이 직접 확인한 것이 아니라 전해 들은 것이 많아서 신빙성이 떨어지기 때문입니다. 사건의 시간 순서가 뒤바뀌었다든지 일어난 때를 잘못 기술한 경우도 다수 있습니다.

더구나 『매천야록』에는 유학자인 황현의 관점이 강하게 들어가 있습니다. 예를 들어 동학농민운동 관련 기록들이 많이 나오지만, 유학자였던 황현은 농민 봉기에 대해 매우 부정적이었습니다. 농민군을 '적(賊)'이라고 부를 정도였습니다. 이런 이유로 『매천야록』은 위서가 아니지만 내용을 믿기 어려운 경우가 많은 것이지요.

사료 비판의 두 번째 단계는 얼마나 신뢰성이 있는지를 평가하는 것입니다. 그러기 위해서는 사료의 성격이 무엇이고 어떤 목적으로 썼는지, 저자가 사료 내용을 쓸 만한 사회적 지위에 있었는지 평가합니다. 때로는 당시의 상황에 비추어 믿을 만한지 추론하거나 다른 사료의 내용과 비교하기도 합니다.

앞에서 말했듯이 『삼국사기』를 읽으면서 김부식이 유학자이고, 이 책이 유교사관을 토대로 쓰여졌다고 생각한다면 이 단계에 해당하는 것입니다. 두 번째 단계의 사료 비판은 첫 번째 단계보다는 복잡하고 논란이 많을 수도 있습니다. 해석에 따라 달리 이해할 수 있는 사료들이 많기 때문이지요.

'사료'는 이 두 단계를 거쳐야 역사 연구를 위한 자료로 그 기능을 할 수 있습니다. 생각보다 어렵고 복잡하지요? 옛 자료를 무조건 그대로 사용하는 것이 아니라 진실성과 신뢰성을 따져보아야 한다는 정도로 생각하면 될 것입니다. 그런 비판 의식이 역사를 대하는 태도입니다.

선생님께 잘 보이고 싶은 건 선사시대에도 마찬가지

• • •

『고려사』나 조선왕조실록과 같은 책이나 무덤 앞에 세운 비문에서 볼 수 있는 것처럼 기록은 다른 사람에게 사실을 알리기 위해 일부러 남기는 경우가 많습니다. 그렇지만 사람들이 일상적으로 살아가면서 써놓은 것이 결과적으로 과거의 모습을 보여주기도 합니다. 선사시대 사람들이 남긴 기록에서 이런 예를 찾아볼 수 있습니다.

세계에서 가장 오래된 기록은 수메르인이 남긴 것입니다. 수메르인은 서아시아 지역에서 세계 최초로 문명을 건설했습니다. 수메르인은 이미 5,000여 년 전에 문자를 만들어 사용했습니다. 이들은 진흙판 위에 문자로 자신들의 생활을 기록했습니다. 인류 창조의 신화, 농사를 짓기 위해 물길을 내고 댐을 쌓는 등의 이야기가 진흙판에 써 있습니다. 이 중에는 학생들의 신분과 공부 내용, 학교생활, 심지어 벌을 받거나 선생님께 잘 보이려고 선물하는 내용도 들어 있습니다.

• 수메르인의 쐐기문자 •

글자로 된 기록뿐 아니라 그림도 남아 있습니다. 구석기인은 동굴에 많이 살았죠. 그래서 자신들의 생활 모습이나 소망 등을 동굴 벽에 그렸습니다. 에스파냐 북부 지방의 알타미라 동굴 벽화나 프랑스의 라스코 동굴 벽화 등은 우리나라 세계사 교과서에 실릴 정도로 유명합니다.

알타미라 동굴 벽화는 기원전 3만 년에서 2만 5,000년 사이에 그려진 것으로 추정되는데 들소와 말, 사슴 등이 그려져 있습니다. 프랑스 남서부의 라스코 동굴 벽화는 기원전 1만 5,000년경의 그림으로 생각됩니다. 동굴에는 들소, 황소, 사슴, 노루, 산양, 매머드, 야생마, 코뿔소, 곰 등 10여 종의 동물 그림이 있습니다. 이 중에는 매머드와 같이 이미 지구 상에서 사라진 동물도 있습니다. 이런 동굴 벽화들은 당시 사람들의 생활을 잘 보여줍니다. 사냥해야 할 짐승들을 동굴 벽에 그려놓고, 많이 잡게 해달라고 빌었던 것입니다. 이런 그림을 바위에 그렸다고 해서 '암각화(岩刻畫)'라고 합니다.

우리나라에서 발견된 바위 그림은 동굴보다는 강가 등의 절벽에 그

• 대곡리 암각화 •

려진 것입니다. 이 중 가장 유명한 것은 울산 울주군에 있는 '대곡리 암각화'입니다. 대곡리 암각화는 태화강의 지류인 대곡천 강변의 절벽에 새겨져 있습니다. 대곡리 암각화에서는 호랑이와 사슴, 멧돼지 등의 짐승, 고래, 사람 등의 모습을 볼수 있습니다.

이 중 가장 유명한 것은 고래 그림입니다. 새끼를 밴 고래, 새끼고래를 등에 업고 있는 고래, 작살에 걸린 고래, 물을 뿜는 고래 등 다양한 모습의 고래를 찾아볼 수 있습니다. 그리고 고래잡이용으로 추정되는 배의 그림도 있습니다. 고래 그림은 안전하게 많이 잡게 해달라고 비는 것과 함께 고래를 잡는 방법을 알려주는 교육의 목적이 있습니다.

대곡리 암각화에서 그리 멀지 않은 천전리 대곡천변에도 바위에 글자와 그림이 새겨 있습니다. 글자가 새겨 있어서 '천전리 각석'이라고 부릅니다. 천전리 각석에는 마름모, 동그라미, 십자 삼각형 등 기하무늬가 새겨 있습니다. 그리고 동물과 물고기, 새 등의 그림도 있습니다. 아랫부분에는 신라의 왕족, 귀족, 화랑들이 이곳에 적은 기록과 이들의 행렬 그림이 있습니다. 그래서 신라 역사를 아는 데 매우 중요한 자료로 평가받습니다.

그런데 대곡리 암각화가 위기에 처했습니다. 대곡리 암각화가 발견되기 이전 울산 지역의 식수 부족을 해결하기 위해 강 아랫부분에 댐을 세웠습니다. 그래서 대곡리 암각화는

•천전리 각석•

봄부터 가을까지는 물에 잠겨 있다가 댐의 물 높이가 낮아지는 겨울에야 모습을 드러내게 됩니다. 물에 잠겼다가 물 밖으로 드러나서 공기에 노출되는 일이 반복되면서 그림이 심각한 손상을 입기 시작했습니다.

이 때문에 대곡리 암각화를 보존하기 위해 댐을 헐어버리거나 적어도 물의 높이를 낮춰서 암각화가 잠기는 일이 없도록 해야 한다는 주장이 강합니다. 그러나 행정기관 등에서는 그렇게 되면 울산 지역의 식수 공급에 심각한 문제가 일어날 수 있다면서 댐을 그대로 둔 채 암각화 앞에 투명 유리로 된 보호막을 설치하자고 맞서서 논란이 되고 있습니다. 과거의 기록이 현재와 만나는 모습은 반드시 반가운 것만은 아님을 알 수 있습니다.

역사로 알려진 이야기는 모두 사실일까요?

역사책에도 설화나 이야기가 전해집니다. 역사책에 실려 있는 이야기에는 당시의 사회 모습이 담겨 있습니다. 그래서 이야기를 통해서 역사를 연구하고 이해할 수 있습니다. 고구려왕이 된 을불, 동네 처녀를 사랑한 가실, 손변의 재판 등 지난날 이야기에서 어떻게 역사적 사실을 찾아낼 수 있는지 살펴볼까요?

01

부잣집 일꾼에서
고구려왕이 된 을불

고구려의 대표적 폭군, 봉상왕

'폭군' 하면 누구의 이름이 떠오르나요? 연산군이라고요? 광해군을 생각하는 사람도 있겠네요. 그렇지만 광해군은 새로운 시각으로 보는 사람도 많다고요? 영화 「광해, 왕이 된 남자」나 「징비록」 같은 TV 드라마에 나오는 광해군의 모습은 폭군과는 전혀 다르지요. 광해군이 '폭군'인가 아닌가는 역사학자들 사이에서도 의견이 갈립니다. 그렇지만 연산군이 폭군이라는 데는 의견 차가 없을 것 같습니다.

그런데 고구려에도 연산군 못지않은 '폭군'이 있었습니다. 제14대 왕인 봉상왕(재위 292~300년)입니다. 『삼국사기』는 봉상왕을 기록하면서 첫

머리에 "어릴 적부터 방탕한 생활을 했으며 의심과 시기심이 많았다."라고 썼습니다. 물론 쫓겨난 왕에 대한 평가이므로 세상 사람들과 김부식의 과장이나 부정적 관점이 들어가 있을 수는 있지만, 성격 자체가 좋지 않았다는 것은 봉상왕의 행적에서도 쉽게 알 수 있습니다.

봉상왕은 즉위하자마자 달가를 죽였습니다. 달가는 봉상왕의 아버지인 서천왕의 동생입니다. 즉 달가에게는 숙부, 작은아버지입니다. 그런데 봉상왕은 왜 달가를 죽였을까요? 달가가 백성들 사이에서 이름이 높았기 때문입니다.

서천왕 때 숙신족이 고구려를 침공하자 달가는 고구려 군대를 지휘하여 숙신을 크게 무찌르고 그들이 살던 마을을 점령했습니다. 이에 봉상왕은 혹시라도 달가가 백성들의 지지를 등에 업고 자신을 위협할까 의심하여 그를 죽였습니다. 달가가 죽자 많은 백성들이 눈물을 흘리면서 슬퍼했다고 합니다. 그다음 해에는 자신의 아우인 돌고가 다른 마음을 먹었다는 혐의를 씌워 자결하게 했습니다. 이때도 백성들은 돌고가 죄 없이 죽은 것을 애통해했다고 합니다.

또한 봉상왕은 자연재해와 흉년으로 백성들이 굶주리는데도 매우 사치스럽고 호화롭게 궁궐을 중축하였습니다. 궁궐이 웅장하고 화려해야 백성들에게 위엄과 무게를 보일 수 있다는 것이었습니다. 신하들이 이를 중단하라고 말했는데도 듣지 않았다고 합니다. 오늘날의 국무총리에 해당하는 국상 창조리가 왕에게 궁궐 중축을 그만두라고 거듭 간하자 봉상왕은 "국상이 백성들을 위해 죽으려 하는가? 나중에라도 등 뒤에서 그런 말을 하지 않기 바란다."라고 하였습니다.

을불은 머슴살이와 소금장사를 했어요

돌고가 죽자 그의 아들인 을불은 자신도 해를 입을까 두려워 시골로 도망쳤습니다. 봉상왕은 을불을 찾아 죽이려고 했지만 뜻을 이루지 못했습니다. 을불은 어떻게 봉상왕의 추격을 벗어날 수 있었을까요?

을불은 자신의 신분을 감추고 어떤 부잣집에 머슴으로 들어가 일했습니다. 을불이 어떤 사람인지 모르는 주인은 매우 힘든 일을 시켰습니다. 을불은 농사일 말고 다른 일도 해야 했습니다. 집 옆에 있는 연못에서 개구리가 울자 주인은 밤이면 을불에게 돌멩이를 던지게 해서 개구리가 울지 못하게 했습니다. 낮이면 종일 나무를 해오라고 독촉해서 을불은 그 집에서 더 버티지 못하고 1년 만에 나왔습니다.

그다음 을불은 소금장사를 했습니다. 한번은 배를 타고 압록강에 가서 소금을 가지고 내려왔습니다. 어떤 집에서 하룻밤을 자게 되었는데 그 집주인이 소금을 달라고 하여 한 말 가량을 주었습니다. 주인이 더 달라고 했지만 거절했습니다. 다음날 을불이 길을 떠날 때 주인은 을불의 짐에 몰래 신발을 넣었습니다. 주인은 성주에게 을불이 신발을 훔쳤

다고 고발했습니다. 을불의 짐에서 신발이 나오자 성주는 집주인의 말
이 사실이라고 생각해서 신발값으로 을불의 소금을 빼앗아 집주인에게
주고, 을불의 볼기를 때려 내쫓았습니다. 소금장사를 더 할 수 없게 된
을불은 어떻게 되었을까요?

한편 국상인 창조리는 봉상왕이 자신의 잘못을 깨달아서 고치지 못
할 것을 알고 왕을 내쫓기로 마음먹고 여러 신하들과 함께 반란을 일으
켰습니다. 봉상왕은 자신에게 해가 미칠 것을 짐작하고 스스로 목을 매
어 죽었으며 그의 두 아들도 따라 죽었습니다.

창조리는 을불을 찾아 왕으로 받들었습니다. 그가 나중에 낙랑군을
토벌하여 한반도에서 몰아내고, 요동 지역을 여러 차례 공격하여 고구
려의 영토를 넓힌 미천왕입니다.

고구려인의 관습과 생활을 보여주는 을불 이야기

『삼국사기』가 전하는 을불의 이야기, 재미있나요? 역사학자들은 이
이야기에서 고구려 사회의 여러 모습을 찾아냅니다. 을불의 이야기에
서 고구려 사회의 어떤 사실들을 알 수 있을까요? 이어지는 글을 보기
전에 여러분이 먼저 생각해보면 어떨까요?

봉상왕은 가장 먼저 달가를 죽였습니다. 왜 그랬을까요? 고구려에서

는 한동안 형제가 왕위를 상속했습니다. 그러다가 3세기 초 제10대 산상왕이 죽은 다음부터 아들이 상속하는 것으로 바뀌었습니다. 그렇지만 아직 형제가 왕위를 이어받을 수 있다는 생각은 완전히 사라지지 않았을 때입니다. 이 때문에 봉상왕은 백성들 사이에서 인기가 높았던 숙부 달가나 동생 돌고를 죽이지 않았을까요? 물론 그렇다고 숙부와 동생을 죽이고 조카까지 죽이려고 한 봉상왕을 이해할 수 있다는 뜻은 아닙니다.

을불은 어느 부잣집에서 용작(傭作)을 했습니다. '용작'이란 '고용되어서 농사를 짓는다'라는 뜻입니다. 당시 고구려에서는 사람을 고용해서 농사를 짓는 경우가 많았음을 짐작할 수 있습니다. 반대로 농민들 중 자신의 땅이 없는 사람은 넓은 땅을 가진 사람에게 고용되어 품을 팔아야 했을 것입니다.

기록에 나오는 용작이 반드시 농사를 짓는 것인지는 학자들에 따라 의견이 다르지만, 고구려 농민 중에는 용작농이 꽤 많았다는 것을 알 수 있습니다. 그런데 용작농은 농사일만 하면 되는 것이 아닙니다. 실제로는 농사 외에도 주인이 시키는 다른 일도 하지 않을 수 없었습니다. 을불이 개구리를 울지 않게 하려고 밤새 연못에 돌을 던졌다든지 낮에는 계속 나무를 해야 했던 것도 이 때문입니다. 용작을 하는 고구려 농민의 사회적 처지를 알 수 있습니다.

고구려에서도 상업 활동이 꽤 있었다는 것과 소금이 매우 중요했다는 사실도 이 이야기에서 추측할 수 있습니다. 실제로 바다에 접해 있지 않던 고구려에서 소금은 매우 귀했습니다. 고구려가 일찍이 동해안의 옥저를 공격해서 굴복시킨 다음 매년 조공으로 받았던 것이 소금이었습니다. 어떻습니까? 의외로 하나의 이야기에서 여러 가지 사실을 알 수 있지요? 많이 알려진 다른 몇 가지 이야기들을 통해 좀 더 알아보도록 하죠.

02
동네 처녀를 사랑했던 신라의 가실

사랑하는 여인 위해 군대에 간 남자

신라 진평왕 때 어떤 마을에 설씨 성을 가진 여인이 아버지와 둘이 살았습니다. 이 여인은 아름답고 행동도 단정하여 마을 청년들이 모두 좋아했지만 감히 말을 꺼내지 못했습니다. 그런데 어느 날 설씨녀의 아버지가 군대에 가게 되었습니다. 아버지는 나이가 적지 않은 데다가 병든 상태였습니다. 설씨녀의 걱정은 이만저만이 아니었습니다. 아버지를 따라가고 싶었지만, 여자에게는 그조차 허락되지 않았습니다.

이때 근처 다른 마을에 살던 가실이라는 청년이 설씨녀 아버지 대신 군대에 가겠다고 나섰습니다. 가실은 집안이 가난하였지만, 곧은 뜻을 가진 청년이었습니다. 가실은 설씨녀를 사랑했지만 차마 말하지 못하고 있었는데 설씨녀가 크게 근심한다는 말을 듣고 대신 병역을 맡겠다고 한 것입니다. 설씨녀에게서 이 말을 전해 들은 아버지는 기쁘고 미안한 마음에 은혜를 갚기 위해 딸을 아내로 주겠다고 제안했습니다. 설씨녀를 사랑하던 가실은 당연히 그 제안을 받아들였습니다.

그러나 설씨녀는 혼인은 사람이 살아가는 데 중대한 문제이므로 갑자기 치를 수 없다면서, 가실이 군대에 다녀오면 결혼하겠다고 했습니다. 두 사람은 거울을 쪼개 나눠 가진 다음 뒷날 이를 맞추어 증거로 삼자고 약속했습니다.

그런데 군대에 간 가실은 3년의 근무 기간을 두 배나 지난 6년이 되도록 돌아오지 않았습니다. 설씨 아버지는 딸에게 약속한 기간이 많이 지났으니 이제 다른 사람과 혼인하라고 권했습니다. 그러나 설씨녀는 가실과 약혼했으니까 신의를 저버릴 수 없다고 거절했습니다. 아버지는 몰래 다른 사람과 혼인 날짜를 잡았습니다. 설씨녀는 도망가려다 실패하고 한숨과 눈물로 날을 보내고 있었습니다.

그때 가실이 돌아왔습니다. 가실의 모습이 너무도 누추하여 아무도 그를 알아보지 못했습니다. 그러자 가실은 반쪽 거울을 꺼냈습니다. 설씨녀는 자신이 간직했던 거울에 맞추어보고 그가 가실인 것을 확인했습니다. 설씨녀는 물론 아버지와 집안사람들도 모두 기뻐했습니다. 둘은 좋은 날을 골라 혼례를 치르고 오래도록 행복하게 살았습니다.

이 이야기는 『삼국사기』 열전에 나옵니다. 김부식은 왜 이 이야기를 『삼국사기』에 실었을까요? 김부식은 유학자입니다. 설씨녀의 '지조'를 강조하기 위해서였을 것입니다. 그렇지만 이 이야기는 당시 신라 사회의 다양한 모습을 알려줍니다.

먼저 신라 사회에서는 병역제도가 어느 정도 확고하게 자리를 잡았던 것으로 보입니다. 성인 남자들은 일정한 나이가 되면 돌아가면서 군대에 가야 했습니다. 나이 많은 남성들도 마찬가지였습니다. 설씨녀 아버지가 몇 살인지 나와 있지 않지만, 병역의 의무는 상당 기간 지속되었습니다. 조선 시대에는 군대에 가는 나이가 16~60세였으니 비슷했을지도 모르겠습니다.

그런데 설씨녀 아버지 대신 실제로 군대를 간 사람은 가실입니다. 이는 다른 사람이 대신 군대를 가는 것이 가능하다는 이야기겠지요. 조선 시대에도 이런 경우가 많았습니다. 높은 지위에 있거나 부잣집 사람들이 다른 사람을 고용해서 대신 군대에 보내는 것입니다. 이러한 현상을 대신 군역을 맡는다고 하여 '대립(代立)'이라고 불렀습니다. 가실의 경우는 돈을 받고 군대에 갔던 것은 아니지만, 어쨌든 신라 사회에서도 이러한 일이 가능했다는 것을 알 수 있습니다.

그리고 원래 복무 기간은 3년이었습니다. 그렇지만 가실이 근무를 한 기간은 두 배가 넘었습니다. 당시 복무 기간이 잘 지켜지지 않았다는 사실을 짐작할 수 있습니다. 아버지는 설씨녀를 동네 다른 남자와 결혼시키려고 하였습니다. 딸을 편히 살게 하려는 생각이었을 테니까 아마도 그 남자의 집안은 부자가 아니었을까요? 당연히 당시 사회에서 딸의 결혼은 부모가 결정하는 것이 일반적이었을 것입니다.

한편 그 남자는 설씨녀가 원하지 않았는데도 아버지에게서 딸과의 혼인 약속을 얻어냈습니다. 부잣집 남자들이 재산을 수단으로 원하는 여성과 결혼하는 현상이 있었음을 보여주는 부분입니다.

설씨녀 이야기도 을불 이야기 못지않게 많은 역사적 사실을 전해주지요? 여러분도 좀 더 생각해보세요. 설씨녀 이야기에서 알 수 있는 사회 현상이 더 없는지 말입니다. 『삼국사기』의 '설씨녀 이야기' 바로 앞에는 또 하나의 신라 설화인 '효녀 지은 이야기', 바로 뒤에는 백제의 '도미와 도미처 이야기'가 실려 있습니다.

효녀 지은 이야기는 통일신라 정강왕 때 이야기이고, 도미와 도미처 이야기는 백제 개루왕 때 있었던 일입니다. 두 이야기의 내용으로 알 수 있는 당시 통일신라와 백제 사회에 대한 역사적 사실을 생각해보세요. 이야기를 통해 역사를 알아가는 재미를 느낄 수 있을 것입니다.

03

현명한 손변보다
주목받는 고려의 재산 상속

시집간 딸에게 전 재산을 물려줘도 될까요?

2011년부터 2014년까지 사용된 초등학교 5학년 1학기 『사회』교과서에는 고려 시대 손변이라는 관리의 재판 이야기가 실려 있습니다. 이 이야기는 초등학생들이 많이 읽는 어린이 역사책에도 소개되어 있으며 일부 중·고등학교 역사 교과서에 실리기도 했습니다.

손변은 고려 제23대 왕인 고종 때의 관리입니다. 손변이 경상도 안찰부사로 갔을 때 한 건의 소송에 맞닥뜨리게 됩니다. 남동생이 누나를 상대로 재산을 나누어달라고 낸 소송이었습니다. 남매는 어머니가 먼저 돌아가신 다음 아버지와 함께 살았습니다. 그런데 소송이 있기 몇 년 전 남매의 아버지가 세상을 떠나면서 유언으로 재산을 모두 누나에게 물려주고, 남동생에게는 검은색 옷 한 벌, 갓 하나, 신발 한 켤레, 종이 한 장만 남겨주었습니다. 남동생은 아버지의 유언이 부당하다고 생각해서 소송을 낸 것입니다. '아들과 딸이 똑같은 자식인데 부모님 재산을 누나 혼자 갖는 것은 부당하다'라는 것이 동생의 주장이었습니다. 그러나 누나는 아버지의 뜻이 유언장에 명시되어 있는데 어찌 어길 수 있냐고 반박했습니다. 손변이 아버지가 돌아가셨을 때 두 사람의 나이를 묻자 당시 누나는 결혼했고 동생은 어린아이였다고 답했습니다.

그 말을 들은 손변은 이렇게 판결했다고 합니다.

"부모의 마음은 아들과 딸에게 똑같은 것이다. 그런데도 재산을 똑같이 나누어주지 않은 것은 만약 절반씩 나누어주면 혹시 누나가 동생을 챙겨서 온전히 기르지 않을까 염려했기 때문이다. 그래서 일단 누나에게 모두 나누어준 것이다. 동생이 장차 성장하게 되면 종이에 재산을 나누어달라는 글을 써서 검은색 옷을 입고 갓을 쓰고 신발을 신고 관아에 소송해서 해결하면 될 것이라는 뜻이니 재산을 절반씩 나누어라."

이 판결에 누나는 어떤 반응을 보였을까요? 손변의 말을 들은 누나와 동생은 감격하여 서로 얼싸안고 울었다고 합니다. 물론 재산을 둘로 나누었고요. 누나가 재산 욕심에 사로잡혀 있는 것이 아님을 알 수 있겠지요.

이 이야기가 『고려사』에 기록되어 있는 것은 손변이라는 관리의 뛰어난 판결 때문입니다. 『고려사』에는 손변이 성품이 곧고 행정에 밝아서 일을 잘 처리했기 때문에 가는 곳마다 명성을 떨쳤다고 합니다. 그렇지만 손변이 『고려사』 열전에 실린 데는 다른 이유가 하나 더 있습니다. 손변은 뛰어난 관리이지만, 처가가 왕실의 첩 집안이어서 중요한 관직에는 임명되지 못했다고 합니다. 이를 안타깝게 여긴 아내가 자신을 버리고 권세 있는 집안의 딸과 재혼할 것을 권하자 손변은 자신의 출세를 위해 아내를 버리는 일은 하지 않겠다고 거절했다는 것입니다.

고려 때는 아들딸 똑같이 상속받았어요

교과서나 역사책들은 손변의 현명함을 알리기 위해서 이 이야기를 소개했을까요? 아니면 아내를 향한 손변의 감동적인 의리와 사랑 이야기일까요? 그런데 교과서나 역사책에는 아내를 생각하는 손변의 마음을 담은 뒤의 내용은 나오지 않습니다. 재판 이야기만 있을 뿐입니다. 그렇다면 손변의 현명한 판결이라는 일화를 전하기 위한 목적이었겠네요. 그렇지만 이 이야기가 관심을 끈 이유는 다른 데 있습니다. 고려 때 여성의 사회적 지위를 잘 보여주기 때문입니다. 그래서 역사책들은 주로 여성사를 소개하면서 이 이야기를 자료로 활용합니다.

근대 이전 여성의 지위는 남성에 비해 형편없이 낮았다고 알려졌습

• 밀양 박익 벽화묘 •

고려 때는 가정에서 남성과 여성의 지위가 동등했어요.

아들과 딸, 결혼했거나 하지 않은 모든 자식이 구분 없이

부모의 재산을 공평하게 물려받을 수 있었어요.

여성의 사회적 지위가 낮아진 것은 조선, 특히 조선 후기이지요.

니다. 그런데 여성사 연구가 활발히 진행되면서 전근대 사회라고 반드시 그런 것은 아니라는 사실이 알려지게 됩니다. 여성의 사회적 지위가 낮아진 것은 조선, 그것도 특히 조선 후기 이후이며 고려 때는 가정에서 남성과 여성의 지위가 사실상 대등했다는 것입니다.

호적 제도나 상속 제도가 이를 뒷받침해줍니다. 이런 고려의 사회제도를 잘 보여주는 것이 손변의 재판 이야기입니다. 손변의 재판에서 보면 아버지는 시집간 딸에게 재산을 물려줍니다. 그리고 남동생은 딸과 아들이 똑같은 자식이니까 재산을 동등하게 나누어야 한다고 주장합니다. 시집간 딸에게 상속하는 것이 사회적으로 어색한 일이 아니었으며 딸과 아들에게 균등하게 재산을 나누어주는 것이 일반적이었음을 알 수 있습니다.

하지만 조선 후기 들어 남녀 차별이 심해졌습니다. 집은 장남이 상속받았으며, 딸은 아들보다 재산 상속에서도 차별을 받았습니다. 일제 하 조선총독부는 조선의 관습을 존중한다는 구실로 남녀 차별을 제도화했습니다. 해방 이후 딸은 아들의 절반밖에 상속받지 못하고 특히 결혼한 딸은 결혼하지 않은 딸보다도 2분의 1이나 4분의 1만 상속받았습니다. 그리고 이것이 오랜 기간 지속되었습니다. 아들과 딸, 결혼했거나 하지 않은 모든 자식이 구분 없이 상속받게 된 것은 1990년 이후입니다. 이에 비하면 고려 때의 상속 관습은 남녀 차별이 없는 평등한 것이었음을 알 수 있습니다. 고려 때는 호적도 남녀 구분 없이 태어난 순서대로 기재했다고 합니다.

교과서나 역사책에 손변의 재판 이야기를 싣는 것은 이처럼 고려 때 여성의 사회적 지위를 보여주려는 것이 주된 목적입니다. 『고려사』의 기록을 다른 목적으로 활용하는 것이지요. 이처럼 역사 이야기는 원래 기록한 사람의 의도와는 다른 방향으로 당시 사회의 모습을 전하기도 합니다.

04

소현세자는 왜 죽었을까요?

청에서 볼모로 생활한 소현세자

조선 시대를 다루는 역사책을 읽거나 역사 이야기를 듣다 보면 종종 왕이 독살당했다는 의견을 제기하는 경우를 들을 수 있습니다. 정조가 대표적이며 경종도 조선 후기 당시부터 독살설이 떠돌았습니다. 왕은 아니지만 소현세자가 독살당했다는 이야기도 그중 하나입니다. 정조의 독살설은 이야기책이나 드라마의 소재로 활용될 정도입니다. 그렇지만 역사학자들 중에는 정조나 경종이 독살당했다고 보는 사람이 거의 없습니다. 다만 소현세자의 죽음에는 의문을 품는 경우가 많습니다. 왜 그럴까요?

소현세자는 조선 제16대 왕인 인조의 큰아들입니다. 동생은 봉림대군입니다. 조선은 인조 때인 1636년 청의 침공을 받습니다. 병자호란이 일어난 것입니다. 인조를 비롯한 조선의 왕과 조정 신하들은 남한산성으로 피신하여 저항했지만 소용이 없었습니다. 여러 차례 전투를 벌였지만 청군의 포위망을 뚫을 수 없었으며 왕을 도우러 온 조선군이나 의병들도 모두 청군에게 패했습니다.

시일이 지나면서 성안의 물과 식량도 점차 바닥났습니다. 조선 조정은 남한산성에서 45일간 버티다 결국 청에 항복하고 맙니다. 인조의 두 아들인 소현세자와 봉림대군은 1637년 2월 다른 신하들과 함께 청에 볼모로 끌려갔습니다. 이때 소현세자는 25세, 봉림대군이 19세였습니다.

이후 두 사람은 청에서 8년 동안 볼모로 살았는데, 생활 방식이 서로 달랐다고 합니다. 소현세자는 다양한 사람들과 접촉하면서 청이 그저 군사력만 강한 '오랑캐'의 나라가 아니라 문물이 크게 발달했다는 사실을 깨달았습니다. 소현세자는 청이 조선보다 발달했다는 현실을 받아들이고 여기에 적응하려고 힘썼습니다. 소현세자가 교류한 사람 중에는 예수회 선교사인 아담 샬도 있었습니다. 소현세자는 나중에 아담 샬이 선물로 준 지구의와 역서 등을 가지고 조선에 돌아갔다고 합니다. 하지만 봉림대군은 조선이 청을 낮추어 보던 기존의 관점을 그대로 유지하기에 힘썼습니다.

8년 후인 1645년 2월 소현세자가 돌아왔을 때. 인조는 얼마나 반가웠

을까요? 자신이 정치를 잘못해서 왕자들이 갖은 고생을 했다는 생각에 미안했을 수도 있습니다. 그런데 정작 인조는 큰아들인 소현세자를 그리 살갑게 대하지 않았습니다. 그리고 얼마 지나지 않아 소현세자가 갑자기 죽었습니다. 소현세자가 죽자 봉림대군이 귀국했습니다. 무슨 일이 있었던 걸까요?

인조는 왜 소현세자를 반기지 않았을까요?

청에서 볼모 생활을 끝내고 소현세자가 귀국했을 때 아버지 인조와의 사이는 이미 크게 벌어져 있었습니다. 비록 볼모로 붙잡혀 원하지 않는 다른 나라 생활을 했지만, 소현세자는 청나라 사회에 잘 적응했습니다. 청은 그런 소현세자를 반겼지만, 조선에 있는 아버지 인조는 적잖이 실망했습니다.

소현세자가 귀국하자 인조는 청의 지원을 받는 소현세자가 자신의 자리를 위협하지 않을까 우려했습니다. 조선 시대 왕의 자리에 있는 아버지와 대립하는 아들의 관계를 그린 『왕과 아들』이라는 책에서 저자 중 한 사람은 이렇게 표현했습니다. '상처 입은 아버지와 새 세상을 본 아들' 간의 화합할 수 없는 관계라고요. 소현세자는 귀국한 지 얼마 되지 않아서 학질(말라리아)을 앓게 됩니다. 그리고 침을 맞은 지 사흘 만에 죽었습니다. 죽은 소현세자의 몸은 전부 검게 되었으며 이목구비의 일곱 구멍에서 검은 피가 흘러나왔다고 합니다.

그런데도 인조는 실상을 조사하기는커녕 서둘러 장례를 치렀습니다. 이후 소현세자의 부인 강빈은 사약을 받고 죽었으며 세 아들은 귀양을 갔습니다. 소현세자가 독살을 당했다는 주장의 근거입니다. 소현세자가 실제로 독살을 당했는지는 명확하지 않습니다. 그렇지만 역사학자들은 정조나 경종과 달리 소현세자의 독살 가능성을 부정하지 않습니다.

이 이야기에서 여러분은 어떤 생각을 갖게 되었나요? 소현세자가 실제로 독살을 당했는지 아닌지 추론했나요, 아니면 청을 바라보는 기존의 관념과 새로운 인식의 충돌이라고 해석했나요? 역시 권력은 아버지와 아들 간에도 나누지 않는다는 사실을 새삼 깨달았나요? 어쩌면 아들이 죽었는데도 며느리에게 사약을 내리고 손자들을 귀양 보내는 인조의 냉혹함을 인간적인 차원에서 비판했지도 모르겠네요.

어느 편이든 그 생각 하나하나는 역사 이야기에서 찾은 사실입니다. 역사 이야기는 하나이지만, 그것이 전하는 사실은 하나가 아닙니다. 이야기에서 찾는 역사적 사실은 독자가 어떻게 읽느냐에 따라 달라지는 것이니까요.

05

인현왕후와 장희빈은
정말 '역사의 라이벌'일까요?

역사 드라마의 인기 주제, 장희빈과 인현왕후

조선 시대 사극에서 가장 많이 등장한 주인공은 누구일까요? 아마도 장희빈과 인현왕후가 아닐까요? 인현왕후는 좋은 가문 출신으로 먼저 왕비의 자리에 오르게 됩니다. 이에 반해 장희빈은 집안 배경은 떨어지지만 빼어난 애교로 숙종에게 적극적으로 접근하여 후궁이 됩니다. 인현왕후가 자식을 낳지 못하는 사이에 장희빈은 숙종의 첫 번째 아들을 낳았습니다. 이 아들은 왕이 될 첫 번째 순위인 원자를 거쳐 왕의 후계자인 세자가 되었습니다. 이를 이용해서 장희빈은 인현왕후를 몰아내고 왕비가 됩니다.

• 「연못가의 여인」 •

조선 시대 화가 신윤복은 주로 여인의 삶을 그림의 소재로 삼았어요.

인현왕후, 장희빈, 최숙빈 등 역사 속 여성들이

실제로는 어떤 삶을 살았는지 알 수 없어요.

이들의 삶을 어떻게 받아들이는가는

'역사'를 읽는 사람의 몫으로 남겨둘 뿐이지요.

그렇지만 나중에 인현왕후는 왕비의 자리에 복귀하고 장희빈은 후궁으로 강등됐습니다. 이후 장희빈은 인현왕후를 해치려고 저주했다는 이유로 사약을 받고 죽었습니다. 결국 최종 승자는 인현왕후였지요. 그렇지만 인현왕후도 오래 살지는 못했습니다. 그리고 사약을 마시고 죽은 장희빈의 아들은 무사히 결국 왕위에 올랐습니다. 이 사람이 경종입니다. 그러니까 끝까지 따져보면 승부가 애매합니다.

숙종을 사이에 놓고 다툰 두 여인의 이야기는 사극의 주된 소재였습니다. 대체로 인현왕후는 어진 여성의 대표로, 장희빈은 간악한 여인의 상징으로 그려졌습니다.

주연으로 발돋움한 최숙빈

이들의 다툼 과정에서 인현왕후의 편을 든 또 한 명의 여인이 등장합니다. 바로 최숙빈입니다. 최숙빈은 원래 무수리 출신이었는데 쫓겨난 인현왕후의 생일상을 혼자서 차리는 '선행'이 복을 가져옵니다. 최숙빈은 우연히 밤에 궁중을 산책하던 숙종의 눈에 띄어 총애를 받게 됩니다. 최숙빈은 숙종의 아이를 낳았습니다. 이 글에서는 '숙빈'이라는 후궁의 가장 높은 칭호를 사용하고 있지만, 실제 후궁이 된 것은 그 이후입니다.

최숙빈이 낳은 아이는 나중에 영조가 되었습니다. 조선 시대를 통틀어 가장 오랫동안 왕의 자리에 있었던 임금이지요. 탕평책을 실시하는 등 조선을 재건하는 데 힘쓴 왕이기도 합니다. 최숙빈은 인현왕후와 장희빈의 대립 과정에서 조연으로 등장했지만, 근래에는 능동적으로 자신의 삶을 개척한 인물로 그리기도 합니다. 최숙빈의 이름을 딴 TV드라마 「동이」가 그 예입니다.

궁중 여성들은 능동적 삶을 살았어요

조선 시대 궁중 여인들, 특히 왕비와 후궁 또는 후궁들 간의 다툼은 사극의 아주 흔한 소재입니다. 연산군의 애첩이었던 장녹수, 명종 때 권력을 좌우했던 문정왕후와 정난정, 광해군과 대립하다가 폐모까지 당했지만 인조반정으로 지위를 되찾은 인목대비, 남편인 사도세자가 아버지 영조에게 죽임을 당하는 아픔을 겪으면서도 참고 견디어낸 혜경궁 홍씨 등이 대표적인 인물입니다. 역사 드라마나 소

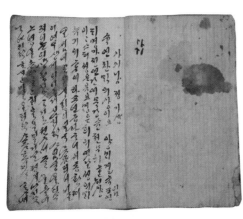

• 「사씨남정기」 •

설에서 혜경궁 홍씨를 제외한 다른 사람들은 국왕과 권력에도 커다란 영향을 미친 것으로 묘사됩니다.

그렇다면 숙종은 인현왕후와 장희빈의 다툼에 놀아났을까요? 그렇게 이해하기에는 당시 정치적 상황과 사회 변화가 간단하지 않습니다. 정치적으로 남인이 장희빈을 밀고, 서인이 인현왕후를 지원했다는 것은 이 둘의 다툼이 단순한 사랑싸움은 아니라는 것을 잘 보여줍니다. 조선 전기부터 국가의 지원을 받았던 상인들은 서인의 자금원이 된 반면 조선 후기에 새롭게 성장한 상인들은 남인을 후원했다고 보기도 합니다.

또한 근래에는 숙종이 이들에게 놀아난 것이 아니라 오히려 자신의 권력을 강화하기 위해 서인과 남인의 대립을 이용했다는 견해가 많습니다. 숙종 당시의 정치 변화를 인현왕후와 장희빈을 중심으로 그리는 것은 그저 흥미만을 염두한 것일 수도 있습니다. 그래야 어느 정도 시청률을 기대할 수 있을 테니까요. 다른 한편으로 역사를 이렇게 그리는 것은 '여성이 정치에 적극적으로 개입하면 나라가 어지러워진다'라는 생각을 깔고 있는지도 모르겠습니다. '암탉이 울면 나라가 망한다'라는 식의 관념 말입니다.

여러분은 인현왕후, 장희빈, 최숙빈이 어떤 성격의 인물이라고 생각하나요? 장희빈은 숙종을 유혹하고 '어진' 인현왕후를 모함하여 자신의 욕심만을 채운 여성일까요, 아니면 능동적으로 자신의 삶을 개척한 적극적인 여성일까요? 숙종은 자신의 정치권력을 강화한 능동적인 인물일까요, 아니면 여성들의 '치맛바람'에 놀아난 무능한 군주일까요? 인현왕후와 장희빈의 경쟁 구도를 단순히 '치맛바람에 놀아나는 역사'로 그리는 것에 대한 비판은 이미 널리 확대되었습니다. 그렇지만 그 이야기를 어떻게 서술하고, 그 '역사'를 어떻게 읽는지는 작가와 독자의 몫입니다.

06
조선 시대 중인은 별 볼 일 없는 사람이었을까요?

서얼 출신으로 높은 벼슬을 한 의관 허준

여러분은 장차 어떤 사람이 되고 싶나요? 의사, 법관, 외교관… 이런 직업을 가지고 싶기는 하지만 그렇게 되려면 공부를 굉장히 잘해야 하므로 힘들겠다고 생각하는 사람도 있을 것 같네요. 옛날에는 어땠을까요? 옛날 사람들도 의사, 법관, 외교관과 같은 직업을 갖고 싶어 했을까요?

조선 시대 '의사'라고 하면 금방 떠오르는 사람이 있죠? 허준이라고요? 그렇습니다. 허준은 조선 시대 가장 유명한 의사입니다. 선조의 어의였던 그는 오늘날까지 한의학을 공부하는 사람이라면 누구나 읽는

• 『동의보감』 •

『동의보감』을 지었습니다. 허준을 주인공으로 하는 『동의보감』이라는 3권짜리 동명 소설은 작가의 갑작스러운 죽음으로 미완성으로 끝났는데도 100만 질 이상 팔려 밀리언셀러가 되었고, 소설을 원작으로 하는 TV 드라마도 60% 이상의 시청률을 기록했습니다. 이후에도 허준을 주인공으로 하는 드라마는 몇 편 더 제작되었습니다.

허준의 아버지는 평안도 용천부의 수령을 역임한 양반이었습니다. 그러나 어머니는 정실부인(본처)이 아니었습니다. 양반인 아버지와 첩인 어머니 사이에 태어난 아들을 '서자'라고 합니다. 조선 시대에는 서자를 양반 취급하지 않고 사회적으로 차별하였습니다. 더구나 허준의 어머니는 가장 낮은 신분인 천민이었습니다. 그래서 허준은 높은 벼슬길에는 오를 수 없었습니다.

허준이 택한 길은 의관입니다. 양반들은 병을 치료하는 일을 천하게 여겼기 때문에 의관은 중인들이 했습니다. 중인은 평민보다는 높지만 양반보다는 낮은 신분의 사람들입니다. 그러면 허준은 조선 시대 당시에는 별 볼 일 없는 처지의 사람이었을까요?

의관이 된 허준은 그 실력을 인정받아 궁궐에서 일했으며 마침내 나

· 허준 ·

허준은 중인 신분이었지만, 의관으로 어의까지 된 인물이에요.

조선 시대에는 중인 중에서도 의관, 역관, 율관 등은

양반 못지않은 지위를 누리며 활약했어요.

라에서 가장 뛰어난 의관만이 될 수 있는 어의가 되었습니다. 어의란 왕을 전담하여 치료하는 주치의입니다. 왕의 전임 의사이므로 어느 누구도 함부로 할 수 없는 자리였습니다. 임진왜란이 일어나자 선조는 평양을 거쳐 의주까지 북쪽으로 피난을 갔습니다. 어의였던 허준도 피난길을 함께하며 왕을 돌보았습니다. 그 공로로 허준은 종1품 벼슬에 임명되었습니다. 조선 시대 벼슬의 품계가 정1품부터 종9품까지 있었으므로 종1품이라고 하면 두 번째로 높은 직위였습니다. 허준뿐 아니라 어의를 맡았던 다른 의관들도 높은 관직에 오를 수 있었습니다.

엄격한 신분사회였던 조선 시대에 허준과 같은 어의들만 예외적으로 높은 대우를 받았을까요? 어느 누구라도 병에 걸리면 치료를 받아야 합니다. 국왕이나 고위 관리들도 마찬가지입니다. 이 때문에 유명한 의관은 중인이라도 무시할 수 없었습니다. 어의가 아니더라도 말입니다.

외교 전문가로 엄청난 재산을 모은 역관 변승업

이처럼 중인이지만 사회적 지위나 활동에서는 양반 못지않았던 사례는 역관 중에서도 찾아볼 수 있습니다. 조선 후기 남산 아래에 허생이라는 양반이 살았습니다. 허생은 매일 글만을 읽을 뿐 벼슬길에 나갈 생각을 하지 않았습니다. 집안 살림은 아내가 품팔이해서 버는 돈으

로 간신히 유지했습니다. 아내는 과거를
보지 않으려면 무엇하려고 글을 읽느냐고
차라리 돈을 벌어오라고 허생에게 불평을
쏟아냈습니다. 돈을 벌 밑천이 없으면 도
둑질이라도 하라는 말까지 했습니다.

이 말을 들은 허생은 한양에서 제일 부
자인 변 씨를 찾아가 돈을 빌렸습니다.
허생을 본 변 부자는 아무런 의심 없이

· 과거 합격증 ·

큰돈을 빌려주었습니다. 허생은 이 돈으로 과일 장사와 말총 장사를 해
서 큰돈을 벌었습니다. 과일과 말총을 모두 사들인 다음, 이 물건이 부
족해서 가격이 크게 오르자 내다 팔아서 이익을 남긴 것입니다. 그리고
허생은 이 돈으로 무인도를 사서 도둑들을 설득하여 이 섬에서 함께 농
사를 짓고 살아갑니다.

이야기는 좀 더 이어지지만 이 정도만 얘기하겠습니다. 이 이야기는
실제로 일어났던 사실은 아닙니다. 실학자로 유명한 박지원이 쓴 『허생
전』이라는 단편소설입니다. 그렇지만 이 이야기에 나오는 변 부자는 실
제로 존재했던 인물입니다. 변 부자는 17세기 초에 활동했던 변계영이
라는 사람입니다. 변계영의 집안은 대대로 역관을 하면서 많은 재산을
축적했습니다.

특히 변계영의 손자인 변승업은 조선 후기 가장 큰 부자 중 한 명입

니다. 이러한 재력을 바탕으로 변승업의 할아버지, 아버지, 그리고 변승업 자신은 정3품 당상관이라는 높은 직위를 받기도 했으며 붕당의 자금을 지원하여 조정에 영향을 미치기도 했습니다.

물론 자신의 재산을 모으기 위한 목적도 있었겠지만 이들이 사회에 큰 영향력을 발휘하였음을 알 수 있습니다. 변승업이 죽을 무렵 그가 빌려준 돈을 자식들이 확인해보니 은 50만 냥이나 되었습니다. 자식들이 이 돈을 회수하려고 하자 변승업은 만약 그렇게 하면 한양의 돈줄이 끊겨 사람들이 생활하기 어려우니 그러지 말라고 했답니다. 변승업이 단순히 돈만 밝히는 사람이 아니라는 사실을 보여주는 일화입니다.

그런데 역관들은 어떻게 막대한 부를 축적할 수 있었을까요? 조선 시대에는 중국이나 일본으로 사신을 보낼 때 역관이 따라갔습니다. 사신들은 대부분 중국어나 일본어를 하지 못했으므로 역관이 없으면 의사소통이 되지 않고 외교 업무도 할 수 없었습니다. 사신은 매번 바뀌었지만 역관들은 같은 사람이 반복해서 가는 경우가 많았습니다. 그런 점에서 이들은 외교 전문가라고 할 수 있습니다.

사신이 왕래할 때는 상인들도 함께했습니다. 상인들은 조선의 물품을 가져가 팔고 중국이나 일본의 물건을 사가지고 돌아와 큰 이익을 남겼습니다. 역관은 상인을 선발하고 관리하는 데 큰 영향을 미쳤습니다. 역관들은 이들 상인을 통하거나 때로는 직접 장사해서 많은 돈을 벌 수 있었습니다. 그래서 변씨 가문 외에도 여러 역관 집안들이 막대한 재산을 모을 수 있었습니다.

역사적으로 중요한 역할을 한 중인들

이처럼 막대한 재산을 소유하는 것 외에 역사적으로 중요한 역할을 했던 중인들도 여럿 있습니다. 역사책에서 간도 국경 문제를 이야기할 때면 으레 나오는 것이 백두산정계비이지요. 백두산정계비는 1712년 청의 요구로 청과 조선 사이에 국경을 명시한 비석입니다. 백두산정계비는 조선인들이 만주로 넘어가서 생활하는 것을 막으려는 청의 요청으로 세운 것입니다.

그런데 청의 사신을 맞이한 조선의 관리 중 책임자는 해발 2,200m 높이에 백두산정계비를 설치할 때 올라가지 않았습니다. 나이가 많아서 힘들다는 이유였습니다. 이때 사실상 조선의 대표 역할을 했던 사람이 역관이었던 김지남과 그 아들이었습니다.

고종 때 역관이었던 오경석은 사신단의 일원으로 중국을 왕래하면서 청나라에서 제작된 한역서학서(韓譯西學書, 한자로 번역된 서양의 학문 서적)를 가지고 들어왔습니다. 그는 서양을 소개한 한역서학서를 조선에 보급함으로써 개화사상을 사회에 퍼뜨리는 데 큰 역할을 했습니다.

오경석이 한역서학서를 사회에 보급하는 데 중요한 통로 역할을 했던 인물은 의관이었던 유홍기입니다. 유홍기는 우리가 잘 아는 개화파 인물인 김옥균, 박영효, 서광범, 홍영식 등 젊은 엘리트 양반 관리에게 개화사상을 전파하며 이들의 스승 역할을 했습니다.

법률 전문가들도 마찬가지입니다. 조선 시대에는 법률을 전문적으로 해석하는 관리로 '율관(律官)'이 있었는데, 이 일도 중인들이 맡아서 했습니다. 율관은 법을 만들고 집행하는 형조에 속해 있었습니다. 조선 시대에는 오늘날과 같이 재판에서 판결을 내리는 직책이 따로 있지 않고, 고을 수령이나 각 도의 관찰사와 같은 관리들이 맡았습니다.

그렇지만 중대한 죄인의 재판은 형조에서 했습니다. 율관은 죄인들의 형을 정할 때 법률의 적용을 담당하는 관리였습니다. 한마디로 법률 전문가라고 할 수 있습니다. 율관의 판단은 형의 결정에 큰 영향을 주었습니다.

신분제 사회인 조선 시대는 양반을 중심으로 운영되었습니다. 양반은 제도적으로 다른 신분보다 특권을 누렸으며 높은 관직을 독점하여 중요한 나랏일도 결정했습니다. 중인은 전문직에 종사하지만 양반을 보조하는 데 머물렀습니다. 중인은 높은 관직에 올라가는 데 제한이 많았으며 양반들은 이들이 하는 일을 천시했습니다. 그래서 조선 후기에는 중인들의 신분 상승 운동도 있었습니다. 이것이 학교 역사 시간에 배우는 조선의 중인들에 관한 내용입니다.

하지만 앞의 사례들을 보면 어떤가요? 의관이나 역관 중에서는 경제적으로 양반 못지않은 재산을 축적한 사람들도 있고 또 역사적으로 중요한 일을 한 사람들도 꽤 있는 것을 알 수 있지요? 조선 시대에는 양반, 중인, 상민, 천민이라는 신분에 따라 사회적 지위나 역할이 법과 제도로 규정되어 있습니다.

그렇지만 실제 사람들의 생활이 어땠는지는 법과 제도만으로 이해할 수 없습니다. 역사 수업 시간에 '양반은 이런 생활을 했고', '농민은 이런 생활을 했다'라는 식으로 배우지만, 실제 생활은 사람에 따라 차이가 있으며 상황에 따라서도 달라집니다. 역사를 공부할 때 제도뿐 아니라 삶의 모습을 자세히 살펴보아야 하는 것도 그 때문입니다.

역사는 '남성의 이야기(history)'일까요?

역사를 영어로 'history'라고 하지요? 역사의 전형적인 서술 형태가 내러티브(narrative), 즉 이야기이고요. 그래서 이를 토대로 역사를 'his+story'로 표현하는 사람도 있습니다. 기존의 역사는 '남성의 이야기'라는 뜻입니다. 이에 대한 대안으로 'herstory'라는 표현을 사용하기도 합니다. 남성뿐 아니라 여성의 이야기도 동등하게 담아야 한다는 주장입니다. 물론 'history'는 'his+story'의 합성어가 아니며 'herstory'는 영어 사전에 나오지 않습니다. 그저 기존의 역사가 남성 중심으로 서술되었다고 비판하면서 이렇게 대조적으로 표현한 것입니다.

기존의 역사는 어떤 점에서 남성 중심의 이야기라는 비판을 받나요? 여성의 관점으로 쓰면 역사가 달라질까요?

우리나라 역사에서 가장 유명한 여성은 누구일까요? 아마도 신사임당일 것입니다. 신사임당은 부모를 잘 모시고 남편을 잘 받들고 자식인 이이를 훌륭하게 키운 여성으로 인식되었습니다. 이른바 '현모양처'의 대표적 인물입니다. 신사임당이 오만원권에 들어갈 정도로 유명해진 것도 이런 이미지 때문일 것입니다.

그러나 학자들은 이러한 신사임당의 이미지가 왜곡되었다고 비판합니다. 신사임당은 단순히 자신을 희생하면서 부모, 남편, 자식의 뒷바라지를 한 '현모양처'가 아니라 능동적이고 적극적으로 자신의 삶을 개척한 인물이라는 것입니다.

19세에 결혼한 신사임당은 3년 동안 강릉의 친정에서 생활했습니다. 이후에도 강릉과 시댁이 있는 서울을 오가면서 생활했습니다. 셋째 아들인 이이를 낳은 곳도 강릉입니다. 신사임당이 완전히 서울로 옮긴 것은 시댁의 살림을 떠맡은 38세 때였습니다. 결혼한 지 무려 19년 만이지요. 그것도 어찌 보면 '시집살이'가 아니라 시집에서 주도권을 장악한 이후입니다. 그런데도 오랫동안 신사임당이나 당시 조선 사회의 가족생활이 잘못 알려진 것은

· 신사임당의 「초충도」 ·

현모양처를 이상적인 여성상으로 여기는 가부장적 문화와 정책 때문이라는 것입니다.

한 가지 사례를 더 들어보겠습니다. 신라는 우리나라 역사에서 여왕이 있었던 유일한 나라였습니다. 신라에는 선덕, 진덕, 진성이라는 세 명의 여왕이 있었습니다. 그런데 역사책에서 선덕여왕과 진성여왕에 대한 평가는 대조적입니다. 『삼국사기』는 선덕여왕의 뛰어난 지혜를 보여주는 세 가지 이야기를 기록한 반면 신라가 본격적으로 쇠퇴하기 시작하는 계기가 진성여왕 때문이라고 서술합니다.

진성여왕이 왕의 자리에 올랐을 때 농민들은 경주의 신라 조정과 각 지역 호족들에게 이중으로 시달렸습니다. 과중한 세금에 시달린 농민들이 봉기를 일으키거나 도적이 되기도 했습니다. 그런데도 진성여왕은 나랏일에 힘쓰지 않고 예쁜 소년들을 모집하여 궁중에서 향락을 즐기고 음란한 생활을 했다고 합니다.

그런데 진골 귀족들의 왕위 다툼은 진성여왕 때부터가 아니라 그 이전부터 있었습니다. 왕의 자리에 오르기 힘들었던 진골 귀족들은 각 지역에서 호족이 되는 경우가 많았습니다. 전국 각지에 호족이 출현한 것이 진성여왕의 잘못된 통치 때문만은 아닌 것입니다. 역사책에는 진성여왕이 미소년들과 놀아나는 등 문란한 생활을 했다고 기록되었지만, 따지고 보면 모든 남성 왕들도 궁녀들과 어울려 지냈습니다. 남성 왕들이 궁녀들과 어울리는 것이나 여성 왕이 미소년들과 어울려 지내는 것은 마찬가지가 아닐까요?

여성 역사가들은 신라가 패망한 원인으로 유독 진성여왕의 정치를 부각시키는 것은 역사가 남성 중심으로 기록되었기 때문이라고 지적합니다. 특히 『삼국사기』를 쓴 김부식은 유학자이므로 남성 위주의 가부장적 관점에서 기록했을 것입니다. 그러고 보면 선덕여왕의 지혜를 기록한 이유도 여성이 왕위에 오른 것을 정당화하기 위한 것으로 해석할수도 있습니다. 남성 왕의 경우에는 구태여 이렇게 정당화할 필요가 없었을 테니까요.

우리가 배우고 있는 역사는 남성 위주의 역사일까요? 그렇다면 여성의 관점에서 역사를 보면 어떻게 달라질까요? 이 글에서는 '진성여왕'이라는 표현을 썼습니다. 흔히 사용되는 관행에 따른 것입니다. 그런데 남성 왕에게는 '남왕'이라고 하지 않고 그냥 '왕'이라고 하면서 여성왕에게는 왜 '여왕'이라고 부르는 것일까요? 여기에는 왕은 기본적으로남자라는 생각이 깔려 있습니다. 선덕여왕, 진덕여왕, 진성여왕 대신선덕왕, 진덕왕, 진성왕이라고 부르는 것이 올바르지 않을까요?

홍길동이 진짜 역사 속 인물이라고요?

• • •

'의적' 하면 가장 먼저 생각나는 인물이 누구인가요? 아마도 많은 사람이 가장 먼저 홍길동을 떠올릴 것입니다. 홍길동은 신출귀몰한 재주를 내세워 탐관오리들을 골탕 먹이고 이들의 재물을 빼앗아 가난한 사람들에게 나누어주는 의로운 도적의 대명사입니다.

홍길동은 조선왕조실록에도 이름이 나오는 실존 인물입니다. 연산군 때 정치가 어지러워지고 관리들의 수탈이 심해지자 각지에서 도적 무리가 나타났습니다. 홍길동 무리도 이 중 하나였을 것으로 추정됩니다. 홍길동은 충청도 일대를 무대로 도적질을 했습니다. 홍길동 무리는 무기를 가지고 대낮에 떼를 지어 관청에 드나들었다고 합니다.

그런데도 고을 사람들은 신고도 제대로 하지 않았습니다. 더구나 당상관의 지위에 있던 엄귀손은 홍길동을 도왔습니다. 당상관은 정3품의 높은 벼슬입니다.

1500년(연산군 6년) 홍길동이 붙잡혀 의금부에서 취조를 받았습니다. 그렇지만 홍길동의 구체적인 활동이나 취조 등에 대한 기록은 없습니다. 홍길동이 의적으로 알려진 것은 허균이 쓴 『홍길동전』 때문입니다. 소설에서 홍길동의 어머니는 천민 출신으로 홍 판서의 첩이 되어 홍길동을 낳았습니다. 홍길동은 서얼(첩의 자식)이어서 아버지 홍 판서에게서 아들 대접을 제대로 받지 못합니다.

홍길동은 집을 떠나서 활빈당이라는 도적 집단에 들어가 활동했습니다. 조정에서는 온갖 수단을 동원해서 홍길동을 잡으려고 했지만 신출귀몰하고 둔갑까지 하는 홍길동을 체포할 수 없었습니다. 결국 홍길동을 달래기 위해 병조판서 벼슬을 내렸습니다.

• 홍길동 테마파크 •

잠시 벼슬을 하던 홍길동은 이를 곧 정리하고 도적의 무리를 이끌고 율도국이라는 섬에 들어갔습니다. 그리고 그곳에 나라를 세웠다고 합니다. 율도국은 민중이 희망했던 새로운 세상이라고나 할까요?

그런데 1974년 전라남도 장성에서 '홍길동 생가'가 발굴되었습니다. 장성군은 홍길동을 장성에서 태어난 실존 인물로 자리매김하고 홍길동 테마파크를 조성했습니다. 홍길동 생가와 홍길동 무리가 활동했다는 산채를 조성해서 관람객이 체험할 수 있게 만들었습니다.

홍길동이 장성에서 태어났다는 이야기는 조선 후기 설화집에 나옵니다. 그렇지만 실제로 홍길동이 장성에서 태어났는지는 명확하지 않으며 홍길동이 의적이라는 데도 의문을 품는 학자들이 많습니다. 그런데도 이 이야기를 하는 것은 설화가 현대에 들어와서 종종 '역사적 사실'로 바뀌는 경우가 있음을 말하려고 하는 것입니다.

한 가지 이야기를 더 해보죠. 경상남도 김해에는 가야를 세웠다는 김수로왕과 그의 부인 허왕옥의 무덤이 있습니다. 『삼국유사』에는 김수로왕과 허왕옥 설화가 실려 있습니다. 김수로왕은 알에서 태어나 지금의 김해 지방에 있던 가락국, 즉 금관가야를 통치했습니다. 허왕옥은 인도 아유타국 공주로, 바다를 건너와서 김수로왕과 결혼합니다. 누구도 김수로왕 설화의 내용 자체를 사실로 받아들이지는 않습니다.

그런데 허왕옥이 인도의 아유타국에서 건너왔다는 설화 내용을 실제 있었던 사실로 보는 사람들이 상당수 됩니다. 김해 지역의 역사를 연구하는 향토 역사학자들이나 김수로왕비릉의 설명도 그렇습니다. 허왕옥은 인도에서 건너왔고, 아유타국은 인도 갠지스 강 유역에 있던 '아요디아(Ayodhya)'라는 나라를 한국식 한자로 표현한 이름이라는 것입니다.

김수로왕비릉의 정문에는 두 마리의 물고기가 마주 보고 있는 쌍어문(雙魚紋)과 파사석탑이라는 석탑 그림이 그려 있습니다. 능 안에도 석

• 김해 벽화 거리 •

탑이 보존되어 있습니다. 허황옥이 실제로 인도에서 건너왔다고 주장하는 사람들은 쌍어문과 파사석탑을 중요한 근거로 삼습니다. 쌍어문은 인도 아요디아 지방의 무늬이며 파사석탑은 허황옥이 파도를 잠재우기 위해 싣고 온 것이라는 설화 내용과 일치한다는 것입니다.

그렇지만 김수로왕비릉은 임진왜란 때 도굴당했고, 현재의 능은 이후인 조선 인조 때 만든 것입니다. 이때 『삼국유사』의 설화에 따라 정문에 쌍어문을 그려놓고, 파사석탑을 갖추었을 가능성이 큽니다. 그것이 현대에 들어와서 허황옥 설화가 사실이라는 주장을 뒷받침하는 근거가 되고 있습니다.

역사학자들 중에는 허왕옥이 실제로 인도에서 건너왔다고 보는 사람이 거의 없습니다. 그렇지만 여기에서도 허황옥 설화가 사실인지 아닌지를 따져보려는 것이 아닙니다. 원래는 설화였던 것이 현대에 실제로 있었던 사실로 바뀌는 경우를 보여주는 사례라는 것입니다.

chapter
05

역사 갈등은
왜 일어날까요?

역사는 되돌릴 수 없는 과거에 일어난 일이지요? 그런데도 역사를 달리 이해하
며 갈등이 일어나는 이유는 무엇일까요? 왜 역사 갈등은 쉽게 해소되지 않을까
요? 또 이런 문제를 해결할 수 있는 방법은 없는 걸까요? 일본의 역사 교과서 왜
곡과 중국의 동북공정에 따른 '고구려사 지키기' 프로젝트, 유럽과 미국의 역사
교과서 등을 통해 역사 갈등을 보다 구체적으로 알아보겠습니다.

01

『새로운 역사 교과서』는
왜 문제가 되었을까요?

침략과 전쟁을 정당화한『새로운 역사 교과서』

2000년 일본에서는『새로운 역사 교과서』라는 중학교 역사 교과서가
나왔습니다. 일본 교과서는 우리나라의 교육부에 해당하는 문무성의
검정 심사를 받아야 하는데 이 심사에서 통과되어 2001년부터 사용할
수 있게 된 것입니다. 이 교과서를 쓴 사람들은 '새로운 역사 교과서를
만드는 모임'이라는 우익 단체에 속한 학자들이었습니다.

이 교과서에 '새로운'이라는 말을 붙인 이유는 무엇일까요? 이 교과
서를 쓴 사람들은 그때까지 사용하던 일본의 역사 교과서가 마음에 들
지 않았나 봅니다. 그러니까 자신들이 쓴 역사 교과서에 '새로운'이라

는 말을 붙였겠죠. 그런데 이 교과서가 나오자 한국과 중국 등 주변 국가는 물론 일본 안에서도 분노하는 목소리가 거셌습니다. 왜 한국이나 중국 사람들은 자기 나라 교과서도 아닌 일본 교과서에 분노했을까요? 이 교과서의 내용을 몇 군데 살펴보도록 하죠.

동아시아의 지도를 보자. 일본은 유라시아 대륙에서 조금 떨어져 바다에 떠 있는 섬나라이다. 이 일본을 향해서 대륙에서 하나의 팔처럼 조선 반도가 돌출되어 있다. 당시 조선 반도가 일본에 적대적인 큰 나라의 지배 아래 들어간다면 일본을 공격하는 절호의 기지가 되며 배후의 땅을 갖고 있지 않은 섬나라 일본은 자국의 방위가 곤란해진다고 생각했다.

일러전쟁은 일본의 생사를 건 장대한 국민 전쟁이었다. 일본은 이 전쟁에서 승리해 자국의 안전보장을 확립했다. 근대국가로 태어난 지 얼마 되지 않은 유색인종의 나라 일본이 당시 세계 최대의 육군 대국이었던 백인 제국 러시아에 승리한 것은 세계의 억압받는 민족들에게 독립의 끝없는 희망을 안겨주었다. 그러나 다른 한편으로 황색인종이 장래에 백색인종을 위협할 것이라고 경계하는 황화론(黃禍論)을 구미에 널리 퍼지게 하는 계기도 되었다.

1937년(쇼와 12년) 7월 7일 밤 베이징 교외의 루거우차오에서 연습하고 있던 일본군을 향해서 누군가가 발포하는 사건이 일어났다. 다음 날 아침에는 중국 국민당군과 전투 상태에 들어갔다(루거우차오 사건). … 동년 8월에 외국의 권익이 집중된 상하이에서 2명의 일본인 장병이 피살된 사건이 일어났다. 이를 계기로 일본과 중국 사이에 전면전이 시작되었다. 일본군은 국민당 정부가 수도 난징을 함락시키면 장제스가 항복할 것이라고 생각하고 12월 난징을 점령했다(이때 일본군에 의해서 민중 다수가 죽거나 다친 자가 나왔다. 난징사건).

첫 번째 글은 청일전쟁의 배경을 설명하고 있습니다. 일본이 한반도를 자신의 세력 범위 아래 놓은 것은 일본의 방어를 위해 불가피했다는 논리죠. 청일전쟁을 일으킨 것을 정당화한 것입니다.

두 번째는 러일전쟁의 결과와 영향을 설명하는 글입니다. 우리는 러일전쟁 이후 대한제국은 실질적으로 일본의 독점적 지배 아래 들어갔다고 배웁니다. 이후 을사조약을 비롯한 일련의 과정을 거쳐 우리나라는 일본에 강제 병합당합니다. 그런데 이 책은 오히려 일본의 러일전쟁 승리로 아시아 여러 나라가 독립의 희망을 가지게 되었다고 쓰고 있습니다.

세 번째 글은 중일전쟁이 어떻게 시작되었는지 서술하고 있습니다.

전쟁의 계기를 일본군이 먼저 공격받았기 때문이라고 함으로써 중국에 책임을 돌리고 있죠. 특히 일본군이 난징에서 중국인 수십만 명을 죽인 난징대학살을 '일본군에 의해서 민중 다수가 죽거나 다친 자가 나왔다.' 라는 말로 얼버무리고 있습니다.

한국과 중국 등 아시아 여러 국가들은 19세기 말부터 20세기 초까지 일본의 침략을 받았습니다. 특히 한국은 일본의 식민 지배를 받기도 했습니다. 그런데 일본 우익은 이처럼 지난날 일본이 저지른 주변 국가에 대한 침략과 전쟁을 정당화하고 있습니다. 그래서 이 교과서를 비판하고, 이를 묵인하고 있는 일본 정부를 향해 목소리를 높였던 것입니다.

일본의 역사 왜곡은 뿌리가 깊어요

이 교과서에 '새로운'이라는 이름을 붙였다면 이전 일본 교과서는 그렇지 않았을까요? 이 교과서를 쓴 사람들이 보기에는 그랬나 봅니다. 이전 교과서들을 『새로운 역사 교과서』와 비교해 보면 노골적으로 과거 일본의 침략을 정당화하고 식민 지배를 미화하지는 않았습니다.

그렇지만 일본의 역사 왜곡 문제가 이때 처음 일어난 것이 아니라 그동안 계속 반복되어 왔으며 이 때문에 일본과 주변국 간의 갈등도 있었습니다. 거슬러 올라가면 일본이 우리나라를 비롯한 동아시아 국가를 침략하던 당시에도 일어났습니다. 『새로운 역사 교과서』의 역사 왜곡은 결코 '새로운' 것이 아니었습니다.

일본 역사 왜곡의 전개 과정을 살펴볼까요? 일본의 역사 왜곡은 19세기 말 한반도 침략의 야욕을 드러내면서 본격화되었습니다. 당시 일본 정부의 지원을 받은 일본 학자들은 한국사를 연구하면서 '조선의 역사는 발전이 없었다', '한국사는 다른 나라나 민족에 좌우되었다', '조선은 당파 싸움 때문에 망했다', '일본인과 조선인의 조상은 같다'라는 주장을 했습니다. 일본이 한국을 식민지로 지배하는 것을 정당화하고, 일본과 합병해야 오히려 한국이 발전한다고 생각하게 한 것이었습니다.

이러한 목적을 가진 역사 논리를 '식민사학'이라고 합니다. 한국을 강제로 병합하고 식민 지배를 하면서 일본은 식민사학을 다듬었습니다.

일본 정부의 역사 왜곡이 많은 비판을 받았어요

일제 말에는 천황을 '살아있는 신'으로 받드는 황국사관(皇國史觀)이 판을 쳤습니다. 신화에 나오는 천황의 가계를 사실로 둔갑시켰으며 모든 국민에게 천황의 뜻을 받드는 신민(臣民)이 될 것을 강요했습니다. 일본이 일으킨 침략 전쟁인 태평양전쟁을 아시아 국가가 단결해서 서양 국가를 물리치고 발전하기 위한 '대동아전쟁(大東亞戰爭)'으로 미화했습니다.

　제2차 세계대전에서 패한 후 일본은 일시적으로 연합군의 통치를 받았습니다. 전쟁 책임자 중 일부는 재판에 회부되어 처벌받았습니다. 이 재판을 '도쿄전범재판'이라고 합니다. '전범(戰犯)'이란 전쟁 범죄자라는 뜻입니다.

・도쿄전범재판소 / 도쿄전범재판 피고인들・

　도쿄전범재판은 일본의 전쟁 책임자들을 엄격하게 처벌하지 못했다는 평가를 받습니다. 초기에 사형을 당한 7명을 제외한 나머지 전쟁 책임자들은 처벌받지 않거나 감옥에 갇히더라도 몇 년 지나지 않아 풀려 나왔습니다. 특히 전쟁에 가장 큰 책임이 있는 천황은 아예 전범으로 분류되지도 않았습니다.

　나름 성과가 있기는 했습니다. 민간인 학살 등 전쟁 당시 일본군이 저지른 만행이 밝혀지기도 했으니까요. 중일전쟁 당시 일본이 중국의 수도였던 난징을 점령한 후 수십만 명의 주민을 학살한 난징대학살도 도쿄전범재판에서 밝혀진 대표적 사례입니다. 위에서 『새로운 역사 교과서』가 "이때 일본군에 의해서 민중 다수가 죽거나 다친 자가 나왔다"라고 얼버무린 바로 그 사건입니다.

그런데 연합군의 통치에서 벗어나 주권을 되찾은 후 일본 정부는 1950년대 중반부터 역사 교과서 내용에 간섭하기 시작했습니다. 한국과 중국을 비롯한 아시아 여러 나라에 대한 침략과 식민 지배, 전쟁, 그리고 학살 등을 감추거나 합리화하기 위해서였습니다. 어쩔 수 없이 서술하더라도 그 내용을 줄이라고 저자들에게 지시하기도 했습니다.

일본의 일부 지식인들이 이에 반발하면서 논란이 벌어졌습니다. 일부 교과서 저자들은 문무성(교육을 담당하는 부처)의 수정 지시가 부당하다는 소송을 내기도 했습니다. 그러나 당시에는 이 문제가 일본의 주변국에 크게 알려지지 않았습니다.

아시아 여러 나라가 일본의 역사 왜곡 문제에 큰 관심을 가지게 된 것은 1980년대 초였습니다. 일본 문무성이 역사 교과서 검정 심사를 하면서 아시아 국가에 대한 침략을 '진출'로 표현하라고 하는 등 과거의 행위를 은폐하거나 합리화하는 방향으로 교과서 내용을 수정하려고 했기 때문입니다. 특히 3·1운동을 '폭동'이라고 표현하라

• 3·1만세의 날 거리축제 •

고 함으로써 한국인들의 분노를 불러일으켰습니다.

한국과 중국 등 아시아 여러 나라가 일제히 일본의 역사 왜곡에 항의했으며 일본 안에서도 비판의 목소리가 나왔습니다. 일본을 향한 비판과 함께 우리 역사교육에 대한 자성도 일어났습니다. 일본은 지난날의 침략을 감추기 위해 역사를 왜곡하는 데 우리나라는 이를 국민에게 제대로 가르치지 않는다는 반성이었습니다. 천안에 독립기념관이 만들어진 것도 이 때문이었습니다.

아시아 여러 나라의 거센 반발에 부딪힌 일본 정부는 당황했습니다. 주변국과의 외교 관계를 생각하지 않을 수 없었겠지요. 그래서 역사 교과서 서술 원칙에 '근린(가까운 이웃) 국가와의 우호'라는 요소를 추가하였습니다. 역사 교과서 내용은 관련된 주변 나라들과 좋은 관계를 유지하도록 유념해야 한다는 의미였습니다.

그 결과 충분하지는 않지만 교과서에 일본의 침략을 인정하고, 한국이나 중국의 민족운동을 소개하였습니다. 이즈음 일본군이 전쟁 중에 한국 여성을 비롯한 여러 나라 여성들을 '위안부'로 끌고 갔다는 사실이 세상에 널리 알려져 분노를 더했습니다. 그렇게 해서 일본군 '위안부' 서술도 교과서에 들어가기 시작했습니다.

역사 왜곡의 전면에 나선 일본 우익 세력

그러나 일본의 보수 세력이 반발하자 일본 정부는 슬그머니 교과서 내용을 다시 바꾸었습니다. 일본군 '위안부' 서술이 1990년대 말 개정된 교과서에서 대폭 빠진 것은 이를 상징적으로 보여주는 일이었습니다. 그러나 여기에 만족하지 않은 일본 보수 우익 세력(1868년부터 1945년까지의 일본 제국 시대를 찬양하는 보수 성향의 세력)은 오히려 일본 정부를 비판하면서 자기들 스스로 새로운 역사 교과서를 만들겠다고 나섰습니다. '새로운 역사 교과서를 만드는 모임'은 이렇게 해서 만들어졌습니다.

앞에서 살펴보았듯이 『새로운 역사 교과서』는 지난날의 침략과 식민지 지배를 정당한 일인 것처럼 쓰고 전쟁을 합리화해 심각한 우려를 낳았습니다. 일본군 '위안부'라는 용어는 아예 서술하지 않았으며 난징대학살을 얼버무림으로써 역사적 사실을 감추었습니다. 전쟁의 최고 책임자인 천황을 오히려 평화를 지키는 데 힘쓴 인물로 바꾸어놓았습니다. 패전 이전 대일본제국의 헌법과 교육 칙어(메이지 천황이 분부하는 형식으로 제시한 교육의 방향)를 찬미하고, 인권이나 평화를 주장하는 목소리는 비현실적인 것으로 여겼습니다. 게다가 전쟁을 금하고 있는 헌법의 개정을 주장하기도 했습니다. 이런 주장은 패전 이전 일본의 역사관과 비슷하다는 인상을 줍니다. 『새로운 역사 교과서』는 전혀 새롭지 않은 것입니다.

· 평화의 소녀상 ·

인천 옥련여자고등학교 도서관에 설치된
'작은 평화의 소녀상'이에요. 이 학교 학생들이
일본군 '위안부' 할머니들을 기억하기 위해 모금해 제작한 것으로,
2015년 이화여고를 시작으로 '전국 100개 학교 100개
작은 소녀상 건립운동'의 하나로 설치되었어요.

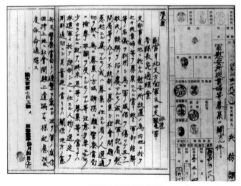

• 위안부 모집 명령서 •

이 때문에 『새로운 역사 교과서』는 아시아 여러 나라의 거센 비판을 받았습니다. 일본 국내에서도 비판의 목소리가 높았습니다. 일본 문무성에 대해서도 교과서 내용을 수정할 것을 요구했습니다. 그러나 일본 문무성은 교과서는 민간 출판사에서 간행하는 것이라는 명목으로 그대로 방치했습니다.

일본 안팎에서 거세게 전개된 불채택 운동의 결과로 『새로운 역사 교과서』는 일반 공립학교에서는 전혀 사용되지 않았으며 사립학교나 특수학교까지 모두 합해도 불과 521권(0.039%)만이 채택되는 데 그쳤습니다. 그러나 2005년, 2010년, 2015년 등 교과서가 개정될 때마다 일본 우익 세력이 만든 교과서를 사용하는 학교는 점점 늘어나서 일본 우익 세력이 집필한 교과서를 사용하는 비율이 전체의 5%가 넘게 되었습니다.

이들이 쓴 교과서에는 독도가 일본 땅이라는 서술도 들어가 있습니다. 때마침 일본 시마네 현이 독도를 자신의 땅으로 확인하는 조례를 제정하고, 일본 대사와 일부 각료들도 이를 지지하는 발언을 거듭함으로써 한·일 간 외교 마찰까지 일어났습니다. 한국 등 주변 국가의 비판과 일본 내 시민 단체 회원들의 우려에도 일본 정부는 우익 교과서에 별다른 조치를 취하고 있지 않습니다. 오히려 근래에는 교과서에 독도를 일본 땅이라고 서술할 것을 지시함으로써 한국인의 분노를 불러일으키고 있습니다. 일본 정부는 무슨 생각으로 이런 행동을 하는 것일까요?

일본은 제2차 세계대전에서 패한 후 연합군의 통치를 받았습니다. 이때 일본에서 만들어진 헌법에는 전쟁을 금지하는 내용이 들어갔습니다. 지난날과 같은 침략 전쟁을 되풀이하지 못하게 하기 위한 것이지요. 그래서 이 헌법을 보통 '평화헌법'이라고 합니다.

하지만 일본에도 무장한 군대가 있습니다. 일본의 군사력은 세계에서 손꼽을 정도로 강합니다. 그렇지만 일본의 군대는 '군'이 아니라 '자위대(自衛隊)'라는 이름을 가지고 있습니다. 다른 나라를 공격할 수는 없고 일본이 침략받았을 때 방위하는 역할만 한다는 의미입니다. 그래서 자위대가 활동할 수 있는 범위도 일본 영토 안으로 한정되어 있습니다.

일본은 패전을 딛고 경제가 크게 발전하고 국제사회에서 위상도 높아졌습니다. 그러자 '군대'를 두지 못하고 전쟁을 금하는 헌법 조항이 일본의 세계적 지위에 맞지 않는다고 생각하는 일본 사람들이 생겼습니다. 이들은 '평화헌법'을 고쳐서 일본도 공식적으로 군대를 설치하고, 일본군이 일본 영토뿐 아니라 필요하면 세계 각지에서 활동할 수 있어야 한다고 주장합니다. 이런 주장에 우려를 나타내는 사람들도 많습니다. 일본이 침략 전쟁을 일으킨 지난날의 잘못을 잊고 군사 강대국이 되는 것은 아시아와 세계 평화를 위협할 수 있다는 우려 때문입니다.

이러한 비판을 누르고 헌법을 바꿔 일본이 군사 면에서도 강대국의 대열에 들어서려면 지난날 일본이 저지른 침략과 전쟁이 일본만의 잘못은 아니라는 논리가 필요했습니다. 일본 국민에게도 역사를 이렇게 가르쳐 헌법 개정의 지지를 얻으려는 의도입니다. 역사를 달리 해석하고 교과서 서술을 바꾸는 것에는 정치적 의도가 깔려 있는 것입니다.

과거에도 그랬습니다. 일본 문무성이 역사 교과서 내용에 처음 간섭했던 1950년대 중반, 보수 정당인 자유민주당(자민당)이 만들어져 집권했을 때입니다. 자민당의 정치 지도자 중에는 과거의 전쟁 책임자들도 있었습니다. 이들이 권력을 유지하기 위해서 지난날 자신들이 저지른 잘못된 역사를 덮어버리고자 한 것입니다.

1970년대에는 일본이 경제 발전으로 세계 강대국으로 떠오르기 시작했습니다. 일본은 경제뿐 아니라 정치적으로도 세계에 인정받고 싶어했습니다. 이런 욕심이 1981년 역사 교과서 수정 지시라는 역사 왜곡으로 이어진 것입니다. 일본의 역사 왜곡이 학문과 교육의 문제만이 아니라 국제 관계를 해치고 평화를 위협할 수 있는 문제인 까닭입니다. 이처럼 정치에 역사교육이 영향을 받는 일은 적지 않습니다.

02

'21세기 서희 찾기' 프로젝트를 알고 있나요?

고구려사를 지키려는 '21세기 서희 찾기'

'서희'가 어떤 인물인지 아시죠? 아마도 이 책의 독자 중에는 '서희'라는 이름을 모르는 사람은 없을 것입니다. 두말할 것도 없이 서희는 거란의 침입을 외교 담판으로 물리치고 도리어 강동 6주라는 압록강 동쪽의 땅을 획득한 고려의 장군입니다. 10여 년 전 '21세기 서희 찾기'라는 프로젝트가 진행되었습니다. 고려가 아닌 고구려를 지켜야 한다는 취지였습니다. 어떤 일이었을까요?

이 프로젝트를 추진한 것은 '반크(VANK, Voluntary Agency Network of Korea)'라는 단체입니다. 온라인을 통해 외국인에게 한국을 바로 알

린다는 취지로 활동하는 단체입니다. 그래서 '사이버 외교사절단'이라는 평가를 받기도 합니다.

그런데 이 단체는 왜 '21세기 서희'를 찾는 활동을 벌였을까요? 서희는 고려가 고구려를 이어받은 나라라는 논리를 내세워 옛 고구려 땅을 고려의 영토로 인정받았습니다. '21세기 서희 찾기' 프로젝트는 서희가 그렇게 했듯이 국제사회에 고구려를 우리나라로 인정받는 활동을 하자는 것이었습니다. 왜 갑자기 이런 활동을 하게 되었을까요?

중국이 고구려와 발해 역사를 중국 역사라고 주장해요

여러분은 고구려가 어느 나라라고 생각하나요? 당연히 우리나라겠죠. 역사 시간에도 고구려, 백제, 신라가 있었던 시기를 '삼국시대'라고 하고, 고구려의 역사를 배우니까요. 그런데 2003년 중국이 고구려 역사를 중국사에 집어넣으려고 한다는 소식이 한국 사회에 전해졌습니다. 무슨 이야기일까요? 그리고 중국은 무슨 근거로 고구려사를 중국사라고 주장할까요?

공식적으로 중국에는 56개 민족이 살고 있습니다. 그중 압도적으로 많은 것이 한족(漢族)입니다. 한족은 우리가 보통 중국사에서 배우는 진, 한, 수, 당, 명과 같은 나라를 세운 민족입니다. 중국은 한족을 뺀

나머지 55개 민족을 소수민족이라고 합니다.

그런데 중국은 56개 민족이 모두 중국 땅에 살고 있으므로 현재 중국 땅에서 일어난 56개 민족의 역사는 모두 중국사라고 주장합니다. 56개 민족 중에는 조선족도 있습니다. 고구려사는 중국 땅에서 일어난 조선족의 역사이므로 중국사라는 것입니다.

그렇다면 현재 중국 땅에 있었던 '중국' 이외의 나라가 고구려밖에 없을까요? 당연히 그렇지 않지요. 다양한 민족의 많은 나라가 지난날 현재의 중국 땅에 있었습니다. 그중 고구려보다 먼저 논란의 대상이 되고 있는 것이 발해입니다. 우리는 발해를 한국사에서 배웁니다. 고구려의 장수였던 대조영이 세운 나라가 발해죠. 교과서를 보면 발

• 글씨가 있는 발해의 불비상 •

해가 왜 고구려를 계승한 나라인지 설명한 부분이 나옵니다.

다른 나라의 경우는 그렇지 않은데 왜 유독 발해만 고구려를 계승한 나라라는 근거를 자세히 설명하고 있을까요? 그것은 발해가 고구려를 계승한 것이 아니라는 주장이 있기 때문입니다. 발해를 보통 고구려 유민과 말갈족이 세운 나라라고 설명합니다. 그렇지만 국왕을 비롯한 지배층은 발해를 고구려 계통으로 인식했습니다. 발해의 전성기 때 왕이

었던 문왕은 일본에 보낸 국서에서 스스로를 '고려국왕'이라고 칭하기도 했습니다. 여기에서 '고려'는 고구려를 가리킵니다.

중국은 발해를 말갈족이 세운 나라라고 주장합니다. 대조영도 고구려 출신이 아니라 말갈족으로 봅니다. 말갈족의 후손이 지금 동북 지방에 많이 살고 있는 만족(만주족)입니다. 따라서 발해가 말갈족이 세운 나라라고 한다면 발해의 역사는 중국사가 되는 셈입니다.

발해가 고구려를 이어받은 나라라는 근거는 한국사 교과서에도 나오고 수업에서도 자세히 배울 것이므로 더 이상 설명하지 않겠습니다. 하지만 고구려사가 중국의 역사라고 한다면 발해가 고구려를 이어받은 나라라고 하더라도 발해사는 자연스럽게 중국의 역사가 될 것입니다. 그런데 왜 고구려사가 중국의 역사라는 주장이 나오게 된 것일까요?

동북공정은 정치적 목적의 역사 연구예요

고구려사를 중국의 역사로 보아야 한다는 논리는 중국이 2002년부터 5년간 추진한 '동북공정'에서 비롯된 것입니다. 동북공정의 정식 명칭은 '동북 변강의 역사와 그에 따라 파생되는 현상에 대한 체계적인 연구 과제(東北邊疆歷史與現狀系列研究工程)'인데 보통 줄여서 '동북공정'이라고 합니다. '변강'이란 국경 지역이라는 뜻이며 '공정'은 연구 과제를 말합니다. 동북공정의 연구 과제에는 동북아시아 전반의 역사와 지리가 포함되어 있으나, 주요 과제는 고조선사, 고구려사, 발해사, 중세 한·중 관계사, 한·중 국경의 문제, 조선족 문제 등과 같은 한국사나 한·중 관계사였습니다. 문헌 연구뿐 아니라 조사, 유적의 발굴과 정비, 박물관 신축 또는 증축, 주변 경관의 정비 등이 함께 이루어졌습니다.

이 중 상당수는 고구려사와 관계된 것이었습니다. 그리고 이러한 작업은 중국에 있는 고구려 유적을 유네스코 세계문화유산에 등재하기 위한 준비의 성격이 있었습니다. 이 때문에 중국이 동북공정을 통해 고구려 역사가 중국사라는 것을 뒷받침하려고 한다는 의혹을 산 것입니다. 이런 주장에 대해 한국에서 강한 반발이 일어나고 한국 정부가 항의하니까 중국 정부는 역사 연구를 정치 문제로 확대하지 말라고 답변했습니다. 과연 이 문제는 순수한 학문 연구의 차원에서 나온 것일까요?

동북공정은 국경 지대에 대한 일련의 연구 중 하나였습니다. 동북공정뿐 아니라 동남공정, 서북공정, 서남공정을 추진했습니다. 중국이 이처럼 변경 지역에 대해 연구한 것은 유사시에 일어날지 모르는 영토 분쟁을 사전에 대비하려는 목적 때문이었습니다. 동북공정의 취지문에서는 "특별히 근 10여 년 이래로 동북아시아의 정치와 경제적 지위가 날로 상승함에 따라 세계 이목이 쏠리는 뜨거운 지역이 되었으니, 중국 동북 변강 지구는 동북아시아의 중심에 위치하여 극히 중요한 전략적

위치에 있다."라고 말하고 있습니다.

동북공정의 과제 중에는 현재 아시아 국가 간에 뜨거운 쟁점으로 떠오른 고구려사와 함께, 변강이론, 몽골, 투르키스탄, 남사군도, 댜오위다오 등의 국경 문제가 포함되어 있습니다. 투르키스탄은 중국에서 소수 민족의 독립 요구가 가장 활발한 지역인 신장 위구르 지역과 맞닿뜨려 있습니다. 남사군도는 중국과 베트남의 영토 분쟁이 있는 지역이며 댜오위다오는 중국과 일본 사이에 영토 분쟁을 빚고 있는 지역으로 일본에서는 '조어도'라고 부릅니다.

중국은 동북공정에 앞서 북한 사람들의 대규모 탈북이나 북한 정권의 붕괴와 같은 한반도의 형세 변화가 생기면 동북 지방의 안정에 어떤 영향을 미칠 것인지를 조사했습니다. 종교 확산, 인종 갈등, 아편과 같은 마약 유행 등이 중국이 우려하는 상황입니다. 여기에는 중국과 한국의 역사상 논쟁점도 들어 있었습니다.

결국 한반도에 정세 변화가 일어났을 때 제기될 수 있는 국경이나 영토상의 문제점 등을 미리 확실히 해두자는 것이 동북공정의 주요 목적이라고 할 수 있습니다. 역사 연구도 이 지역이 역사적으로도 원래 중국 땅이었음을 밝힘으로써 장차 생길지 모를 영토 문제에 미리 대비하려는 것으로 보입니다. 일본의 역사 왜곡과 마찬가지로 중국의 동북공정도 정치적 목적을 위해 역사를 연구한 것입니다.

한편 2004년 7월에는 졸본(환인), 국내성(집안), 평양성(평양)에 있는 고

구려 유적이 유네스코 세계문화
유산에 등재되었습니다. 유네스
코가 북한에 있는 고구려 고분
63기와 중국에 있는 국내성, 환
도산성, 광개토왕비, 왕릉 13기
등 고구려 유적을 동시에 세계
문화유산에 등재하기로 한 것입
니다. 이러한 소식을 들은 국내

• 중국 집안에 있는 장군총 •

의 반응은 '고구려 역사 지키기' 운동의 성과라고 그 의미를 평가하였습
니다.

　이후 중국의 역사 왜곡에 대한 한국 사회의 비판은 수그러들었습니
다. 그러나 북한과 중국의 고구려 유적이 동시에 유네스코 세계문화유
산에 등재되었다고 해서 중국이 고구려사와 발해사를 한국사로 인정했
다는 뜻은 아닙니다. 반대로 우리나라가 고구려사와 발해사를 한국과
중국의 공동 역사로 받아들인 것도 아닙니다. 결국 동북공정으로 표면
화된 한국과 중국 사이의 고구려사 문제나 이전부터 학계에서 논란이
되었던 발해사 문제가 해결된 것은 아닙니다. 단지 사회적 관심이 줄어
든 채 논란이 일단 숨 고르기에 들어갔다고 해야 할 것입니다.

03

일제의 식민 통치로
한국이 근대화되었을까요?

일제강점기에 근대적 발전이 있었다는
주장은 사실일까요?

우리나라는 1910년 8월 29일부터 1945년 8월 15일까지 약 35년간 일본의 식민지로 지배를 받았습니다. 흔히 '일제강점기'라고 부르는 시기입니다. '일제'는 일본 제국주의라는 뜻으로 자국의 이익을 위해 다른 나라를 침략하고 식민지로 만드는 정책을 제국주의라고 합니다. '강점기'는 우리 민족의 의사에 반하여 일본이 강제로 차지했던 시기라는 뜻입니다.

이 시기의 역사는 어땠을까요? 일본은 자기 나라의 이익을 위해 식민지 한국을 수탈하는 정책을 시행했으며 한국인의 저항을 막기 위해 군대와 경찰을 동원한 강압적인 통치 정책을 펼쳤습니다. 1910년대에는 헌병 경찰을 동원한 무단통치를 시행했고, 1920년대에는 '문화정치'를 내세웠지만 경찰의 수는 오히려 늘어났으며 친일파를 육성하여 한민족 내부의 분열을 꾀했습니다. 1930년대 말부터는 아예 한민족을 없애고 전쟁에 동원하려는 '민족말살정책'과 '전시동원정책'을 시행했습니다. 이 때문에 한국인들은 어려운 삶을 살 수밖에 없었고요.

한국인들은 이에 맞서 국내외에서 끊임없이 독립운동을 전개했습니다. 학교 역사 수업 시간에 독립운동의 전개 과정과 중요한 사건들을 배웠을 것입니다. 학교 역사 교과서뿐 아니라 한국사 개설서들도 보통 이와 같은 식으로 서술하고 있습니다.

그런데 일부 학자들은 이런 식의 설명은 당시 역사를 제대로 이해할 수 없게 만든다고 주장합니다. 일제강점기에 일본이 자국의 이익을 위해 식민 통치를 한 것은 사실이지만, 그 시기에 한국 사회와 경제도 많은 발전을 했다고 주장합니다. 일본이 한국을 지배하기 이전 한국은 아직 근대사회에 접어들지 못했는데 일제강점기가 되어서야 비로소 근대적 발전을 이루었다는 것입니다.

이들은 기존의 한국사 연구나 교육에서는 일제강점기를 일본의 '수탈'과 한국인의 '저항'으로만 설명하기 때문에 이 시대의 사회 모습을 제대로 이해할 수 없다고 합니다. 그래서 이 시기를 '일제강점기'라고 부르는 것도 피합니다. 그 근거로 일제강점기의 산업 기반 시설 확대, 기업 성장, 경제 발전 지표 등을 듭니다. 이런 주장을 '식민지 근대화론'이라고 합니다. 반대로 우리가 일반적으로 이 시기를 이해하는 방식은 '식민지 수탈론'에 근거하고 있습니다.

식민지 수탈론과 식민지 근대화론은 같은 시대를 다른 관점으로 이해하고 있습니다. 어쩌면 역사 연구와 이해 방식의 차이일 수 있습니다. 역사학자들은 주로 역사 행위의 동기와 목적, 역사적 사실이 사람들에게 미친 영향을 해석하는 데 관심을 둡니다. 이에 반해 경제학자와 같은 사회과학자들은 통계와 같은 경제지표 자체에 초점을 맞춥니다. 역사학자들이 일제강점기를 식민지 수탈론으로 이해하고 경제사학자들이 식민지 근대화론을 내세우는 이유 중 하나도 이런 차이 때문일 것입니다.

식민지 근대화론은 왜 문제일까요?

문제는 식민지 수탈론과 식민지 근대화론이 단지 학문적 연구나 역사 해석의 차이로 한정되지 않는다는 것입니다. 식민지 수탈론에서는 일제의 식민정책에 협력하는 것은 한국의 역사 발전이나 한국민에게 피해를 주는 부정적 행위가 됩니다. 그런데 식민지 근대화론의 입장에서는 목적이 어떻든 간에 어느 정도 긍정적인 측면도 있다고 평가합니다. 한국 사회를 근대적으로 발전시킨 결과를 가져왔으니까요. 자연히 친일 행위에 대한 평가도 달라지겠죠.

우리는 보통 친일을 자신의 개인적 이익을 위해 나라와 민족을 배신한 행위로 비판합니다. 그래서 자기 조상이 친일을 했다는 비판을 받으면 '그렇지 않았다'거나 '당시에는 어쩔 수 없었다'라고 변명하는 데 힘씁니다. 적어도 '친일 행위를 하기는 했지만 당시 상황에 비추면 다른 사람에 비해 사소한 것이었다'라는 식으로 얼버무리죠. 그런데 식민지 근대화론의 관점에서는 친일 행위를 당시 사회에 대한 판단의 문제로 합리화할 수 있습니다. 당시 상황에 비추어 그런 선택이 민족이나 사회를 위해 나을 것이라고 생각했다는 식으로 말이죠.

나아가 광복 이후 친일 청산의 문제를 바라보는 시각도 달라집니다. 광복 이후 3년 동안 한국을 통치했던 미군정은 친일 청산에 별로 신경 쓰지 않았습니다. 그래서 군대와 경찰, 교육, 문학, 예술 등 여러 분야에서 일제강점기에 친일 행위를 했던 사람들이 그대로 활동했습니다. 특히 독립운동의 탄압에 앞장섰던 조선총독부 경찰이 그대로 이어졌다는 것은 널리 알려진 사실입니다.

1948년 8월 15일 들어선 이승만 정부도 반민특위(반민족특별조사위원회의 줄임말. 친일파의 반민족행위를 처벌하기 위해 초대 국회에 설치되었던 기구) 활동을 방해하고 반민족행위자처벌법을 완화하는 등 친일 청산에 반대하거나 소극적이었습니다. 이런 사실은 미군정이나 이승만 정부를 비판하는 중요 논거 중 하나입니다. 그렇지만 식민지 근대화론의 관점에서 보면 일제강점기 동안 한국 사회의 발전을 이어받는 것이므로 이런 행위가 합리화될 수 있습니다. 이승만의 독립운동이나 정책에 대한 평가는 엇갈리고 있습니다. 이승만을 높이 평가하는 사람들이 대개 식민지 근대화론의 관점에 서 있습니다.

식민지 근대화론은 단순히 일제강점기의 역사를 보는 관점이 아니라 정치적 의도를 가지고 있습니다. 역사를 보는 관점이나 역사적 사실에 대한 평가의 차이가 사회문제로 이어지는 것입니다. 이처럼 역사 인식을 둘러싼 갈등은 국가 사이뿐 아니라 한 국가나 사회 구성원 간에도 일어납니다.

04

역사 교과서 국정화는
왜 논란이 되었을까요?

역사 교과서 국정화 논란은 정치적 성격을 띠어요

　역사 인식을 둘러싼 사회 내부의 갈등이 극단적으로 나타난 것이 역사 교과서 국정화 문제입니다. 교과서 국정화란 국가에서 교과서를 편찬한다는 말로, 국정 교과서라고 칭합니다. 교과서는 국정 교과서 외에도 검·인정 교과서(민간 기업에서 만들어 국가의 검사를 통과하거나 인정받은 교과서)가 있습니다. 2015년 가을, 역사 교과서 국정화를 둘러싸고 사회적 논란이 벌어졌습니다. 정부와 역사학계, 여당과 야당, 이념과 노선을 달리하는 사회집단 간에 찬반 논쟁이 일어나고 극심한 갈등이 계속되었습니다. 박근혜 정부는 중·고등학교 역사 교과서를 국정화하겠다

• 대한민국 정부 수립 선포식 •

고 고시하고, 2017년 3월 중·고등학교 입학생부터 사용할 국정 역사 교과서 개발에 들어갔습니다.

야당, 역사학계, 교육계, 시민 단체 등에서는 역사 교과서를 국정화하는 것은 정치적 목적이 깔린 것으로 교육을 정치에 예속시킨다고 비판했습니다. 학계에서는 정부의 역사 교과서 국정화 방침에 맞서 시민을 대상으로 하는 새로운 한국사 개설서를 집필하고 있고, 많은 교육청에서는 국정 역사 교과서가 사용될 때를 대비하여 독자적인 보조 교재를 개발하고 있으며 교사 연수 등 역사교육 관련 사업을 진행하고 있습니다.

박근혜 정부나 역사 교과서 국정화에 찬성하는 사람들은 기존 한국사 교과서가 '좌편향'되었으며 이는 한국사 교과서 저자들이 대부분 그런 관점에서 교과서를 서술했기 때문이라고 비판합니다. 심지어 이는 한국근현대사학계 전체의 문제라고 주장합니다. 이 때문에 교육부가 기존 검정 교과서에 대해 수정 지시를 하더라도 저자들이 거부하여 별로 개선되지 않으므로 국정으로 전환해야 한다는 것입니다.

이에 반해 대부분의 역사학자나 교사들은 한국사 교과서의 서술 내용이 학계의 연구 성과를 반영한 것이므로 별다른 문제가 없다고 반박합니다. 역사 교과서가 '좌편향'되었다는 공격은 정부나 사회 일부 세력이 정치적 목적을 가지고 하는 이념 공세라는 것입니다. 이런 공격의 밑바탕에는 친일이나 독재 등을 미화하기 위한 목적이 깔려 있다고 보기도 합니다. 역사 인식과 서술, 교과서 집필은 학계와 교육계에 맡기라고 주장합니다.

결국 국정 역사 교과서가 개발되었지만, 2017년 3월까지 이 교과서를 사용하는 학교는 전혀 없었습니다. 2017년 5월 들어선 새로운 정부는 국정 역사 교과서를 정식으로 폐기했습니다. 그렇지만 역사 교과서 국정화를 둘러싼 논란 자체가 사라진 것은 아닙니다. 양측의 주장과 논리는 언론 등에 널리 소개되었으므로 여기에서는 소개하지 않겠습니다. 관심이 있으면 언론 보도나 책과 글에서 양측의 주장을 찾아보고 스스로 판단하는 것도 좋은 역사 공부가 될 것입니다. 다만 역사 교과서 국정화를 둘러싼 주장은 말하는 사람에 따라 논지의 차이가 크므로 어떤 입장을 가진 사람의 주장인가를 고려해야 할 것입니다. 역사를 보는 관점이나 해석에는 차이가 있고 그것이 역사적 사실의 성격이기 때문입니다.

역사 교과서 국정화는 교육의 기본 정신에 어긋나요

물론 역사 서술의 이런 성격이 역사 교과서 내용을 비판하지 말아야 한다는 의미는 아닙니다. 해석이나 평가를 달리하는 역사 교과서 내용에 대한 비판은 얼마든지 가능하며 그것이 역사 서술과 역사교육을 대하는 바람직한 태도입니다. 그러나 역사 교과서 국정화나 이를 둘러싼 논란의 문제점은 교과서 내용이 정치적 논란의 대상이 되었으며 이런 현상이 정부 주도로 일어났다는 점입니다.

사실 이전에도 역사 교과서 내용에 대한 비판은 종종 있었으며 이유도 여러 가지였습니다. 현재와 같은 역사 인식이나 역사적 사실에 대한 평가의 문제도 있었으며 교과서 서술이 학계의 연구 결과를 제대로 반영하지 못한다는 비판도 있었습니다. 이런 문제 제기는 교과서를 개선하는 데 도움이 됩니다.

그런데 역사 교과서 국정화를 둘러싼 논란은 애초부터 이념이나 정치적 성격에서 비롯되었습니다. 기존 역사 교과서들이 '좌편향'되었다거나 이승만과 박정희를 지나치게 부정적으로 서술하고 있다거나 반재벌의 관점으로 서술되어 있다는 비판은 애초 검정 역사 교과서에 대한 공격이 정치적 행위임을 보여줍니다.

헌법에서는 교육의 정치적 중립성과 자주성을 강조합니다. "교육의 자주성 · 전문성 · 정치적 중립성 및 대학의 자율성은 법률이 정하는 바에 의하여 보장된다."(제31조 4항)라고 규정하고 있습니다. 그러나 정치적 중립성이라는 말이 교육에서 정치나 사회 문제를 다루지 말라는 의미는 아닐 것입니다. 역사 교과서 내용도 마찬가지입니다.

정치적 중립성이라는 말은 교육을 정치적 목적이나 이해관계에 이용해서는 안 된다는 뜻입니다. 특히 정치권력의 힘으로 교육에 영향력을 행사하려는 의도를 경계하는 것입니다. 교육의 정치적 중립성이라는 말에 으레 교육의 '자주성'이나 '전문성'이라는 말이 따라다니는 것도 이때문입니다. 그런 점에서 보면 역사 교과서 국정화 논란은 헌법에서 규정하고 있는 교육의 기본 정신을 지키지 않았기 때문에 일어난 일이라고 하겠습니다.

05

역사 갈등은
한국·중국·일본만의 문제일까요?

유럽에서도 국가 간 역사 갈등이 있었어요

일본의 역사 왜곡은 한국과 일본뿐 아니라 일본 내부에서도 논란과 갈등을 빚었다는 것은 앞에서 말했죠? 그렇다면 이런 문제는 한국과 일본만의 문제일까요? 세계 여러 나라는 서로 전쟁하거나 지배당했습니다. 한국과 일본, 한국과 중국과 마찬가지로 다른 나라들도 서로 공유하는 역사가 있습니다. 그래서 이 역사를 어떻게 서술할 것인가는 관련 국가들 사이에 민감한 문제입니다. 역사를 둘러싼 갈등이 많았던 곳이 전쟁과 국경 변화 등이 잦았던 유럽입니다.

대표적인 경우가 독일과 폴란드입니다. 폴란드는 여러 차례 독일의 공격을 받았습니다. 제1차 세계대전과 제2차 세계대전 때 독일이 가장 먼저 침공한 국가가 폴란드입니다. 특히 제2차 세계대전에서 독일의 폴란드 침공은 세계대전이 본격화된 계기였습니다. 전쟁 초기 불가침 조약을 체결한 독일과 소련은 폴란드를 분할 점령하고 폴란드인을 학살하기도 했습니다. 이에 앞서 18세기에는 프로이센·러시아·오스트리아, 또는 프로이센과 러시아에 의해 폴란드가 분할 점령당하기도 했습니다. 프로이센은 여러 나라를 통일하여 후에 독일제국이 되는 나라입니다.

독일과 폴란드는 영토 분쟁을 겪기도 했습니다. 제2차 세계대전이 끝난 후 승전국인 소련은 영토 분쟁이 있던 폴란드 동부 지역을 소련 땅에 편입시키는 대신 독일과 폴란드 사이의 분쟁 지역이었던 오데르-나이세(Oder-Neisse) 강 동쪽을 폴란드 영토로 정했습니다. 이 지역은 독일 동부로 많은 독일인들이 살았는데 폴란드는 이들을 강제로 추방했습니다. 1950년까지 재산을 잃고 이 지역에서 쫓겨난 독일인은 약 800만 명으로 추산되며 이를 거부하다가 목숨을 잃은 독일인도 40만 명에 달했습니다. 폴란드와 독일은 이러한 역사적 사실들을 서로 다르게 가르쳤으며 이는 두 나라 사이의 갈등으로 이어졌습니다.

독일과 프랑스 사이에서도 적지 않은 갈등이 있었습니다. 독일과 프랑스는 수많은 전쟁을 치렀습니다. 나폴레옹 집권 시기에는 프랑스가 독일을 점령했습니다. 이에 반해 19세기 후반에는 독일을 통일하려는 프로이센과 이를 막으려는 프랑스 사이에 전쟁이 일어나서 프로이센이 승리를 거두었습니다. 이후에도 독일과 프랑스 사이의 대립은 계속되어 두 차례의 세계대전이 일어나게 된 원인 중 하나가 되었습니다. 그래서 제1차 세계대전과 제2차 세계대전에서 가장 치열한 전투를 벌인 나라도 독일과 프랑스입니다.

· 베르됭 전투 기념 토큰 ·

제1차 세계대전 때는 프랑스가 베르됭 요새에서 독일군의 공격을 저지함으로써 전쟁을 연합군의 승리로 이끄는 데 결정적 역할을 했습니다. 그러나 제2차 세계대전 때는 마지노 요새가 돌파되고 프랑스 전체가 독일군에 점령당하기도 했습니다. 그러나 연합국이 승리함에 따라 결과적으로 프랑스도 승전국이 되었습니다. 전쟁에서 패한 나라는 막대한 배상금을 지불해야 했으며 독일과 프랑스의 국경 지역인 알자스와 로렌은 전쟁 결과에 따라 프랑스 영토가 되기도 하고 독일 영토가 되기도 했습니다.

프랑스 작가인 알퐁스 도데(Alphonse Daudet)가 지은 「마지막 수업」이라는 소설을 읽어본 적 있나요? 프로이센-프랑스 전쟁의 결과로 프랑스 영토였던 알자스와 로렌이 독일 영토로 넘어가기 전 이 지역 학교의 마지막 수업을 담은 이야기지요. 이 소설은 프랑스인에게 커다란 애국심을 불러일으켰으며, 우리나라 교과서에도 실린 적이 있습니다. 그러나 「마지막 수업」은 프랑스 사람인 알퐁스 도데가 프랑스의 관점에서 쓴 것으로 이후에도 이 지역은 독일과 프랑스 영토 사이를 왔다 갔다 했으며 현재는 프랑스 영토이지만 주민들의 정서가 프랑스로 통일되어 있는 것은 아닙니다.

미국과 영국에서도 역사 갈등이 일어났어요

국가 내부의 사회적 갈등도 적지 않습니다. 미국은 1990년대 들어 초등학교부터 고등학교까지 학년별로 학생들이 성취해야 할 '국가표준(National Standard)'이라는 기준을 정했습니다. 우리나라와 달리 미국에서는 국가 전체의 교육과정은 없고, 50개 주별로 교육 목표와 내용을 정했습니다. 그러다가 미국 초·중등 학생들의 학업 수준이 떨어진다는 지적에 따라 연방 정부 차원에서 학생들이 도달해야 하는 성취 기준을 마련하는 정책을 추진하였는데 이런 과목 중에 '역사'도 포함되었습니다.

연방 정부의 지원 아래 역사 표준을 정하는 연구팀이 구성되고 1994년 시안이 나왔습니다. 시안이 알려지자 일부 정치가들과 보수 세력은 역사 표준서 시안이 지나친 다문화주의 관점에서 만들어져 미국이 이룬 성과를 무시하고 미국 역사의 영웅들을 깎아내렸다고 비난했습니다. 백인과 '건국의 아버지들'은 사라지고 인디언과 흑인, 여성의 이야

• 「독립선언」 •

일부 정치가와 보수 세력은 역사표준서 시안이

미국이 이룬 성과를 무시하고 미국 역사의

영웅들을 깎아내렸다고 비난했어요.

미국의 독립선언 장면을 보여주는 이 그림은

미국 2달러 지폐에도 들어가 있어요.

기로 가득하다는 것입니다. 심지어 운동권의 시각에서 시안이 만들어졌으며 '비미국적'이라고 공격하기도 했습니다.

이런 비난에 대해 시안을 만든 사람들은 이렇게 설명했습니다. 2년 넘게 6천 명에 가까운 교사, 행정가, 학자, 학부모들이 의견을 냈으며 35개 단체가 개발에 참여하고 전국 교사들이 집중적인 워크숍을 열어 표준서 시안을 만들었다고 말입니다. 그리고 역사교육은 미국 사회의 공통성뿐 아니라 미국 국민의 다양성을 반영해야 한다고 반박했습니다.

그렇지만 역사 표준서 시안을 공격하는 사람들은 이를 정치적 비판으로 몰아갔습니다. 그래서 역사 표준서를 둘러싼 미국 사회의 논쟁은 한국과 마찬가지로 정치적 갈등 양상을 띠었습니다. 그 결과 1996년 시안의 내용을 크게 수정한 역사 표준서 개정안이 만들어졌습니다. 그렇지만 이후에도 역사 서술과 교육을 둘러싼 논란은 계속되었습니다.

영국에서도 비슷한 논쟁이 일어났습니다. 세계 어느 나라 못지않게 학교에서 가르치는 내용이 자유로웠던 영국에서는 1991년 국가교육과정(National Curriculum)을 개발했습니다. 당시 영국 정부와 보수 세력은 역사교육과정에서 영국사 교육을 강화해서 애국심, 권위, 건전한 가정, 개인적 책임 등 영국의 전통적인 가치를 강조하고자 했습니다. 그러나 역사교육과정 시안은 유럽사와 세계사의 비중을 이전보다 높이고 다문화주의 관점에서 역사를 학습할 것을 담았습니다. 영국 정부는 이를 바꾸려고 했지만, 여론이 시안을 지지함으로써 결국 국가교육과정으로 확정되었습니다.

그러나 이 논란은 2000년대 이후로도 이어졌습니다. 2014년의 국가
교육과정을 개발하는 과정에서 영국 정부는 다문화주의 교육이 실패
했으며 영국사를 백인의 단일 문화로 이해해야 한다고 주장했습니다.
영국의 찬란한 과거를 학생들에게 가르쳐야 한다는 입장이었습니다.
1991년 역사교육과정 개발의 전례를 되풀이하지 않기 위해 영국 정부
는 역사 전문가들을 배제하고 초안을 만들기 위한 팀을 구성했습니다.
더구나 영국 정부는 초안 내용에 적극 개입했습니다.

그 결과 민족주의적인 왕조 중심의 역사교육과정 초안이 만들어졌습
니다. 교육 내용은 영웅과 엘리트 중심의 영국사였습니다. 그러나 이런
초안에 대해 역사학자와 역사 교사들이 거세게 반발했습니다. 국가가
역사교육에 간섭하는 것에 반발하고, 역사교육은 균형과 다양성을 키
워야 한다고 비판했습니다. 이를 위해서는 영국사의 사실들도 국제적
맥락에서 이해해야 하며 역사를 더욱 넓은 관점에서 가르쳐야 한다고
주장했습니다. 역사교육은 다양한 계층과 인종, 지역의 역사를 다루어
야 한다는 것이었습니다.

학계와 교육계의 거센 비판으로 역사교육과정 초안은 거의 폐기되고
역사학과 역사교육 전문가들을 중심으로 새롭게 수정되었습니다. 그
결과 2014년에 최종적으로 확정된 역사교육과정은 오히려 국가교육과
정이 도입된 이래 교사의 자율성을 가장 넓게 보장하는 방향으로 만들

어졌습니다. 학습 내용이 줄어든 반면 주제의 범위는 넓어졌습니다. 교사들은 다양한 집단과 계층을 다루는 학습 자료를 활용하여 역사를 가르칠 수 있게 되었습니다.

이처럼 미국과 영국에서 벌어진 역사교육 논쟁은 한국이나 일본 사회의 역사교육을 둘러싼 갈등과 비슷한 양상을 띠고 있습니다. 이밖에도 여러 나라에서 역사교육과 역사 인식을 둘러싼 논란이 벌어졌습니다. 그렇지만 이런 논란의 결과는 같지 않습니다. 이는 역사교육이나 교과서와 관련된 제도와 문화의 차이 때문입니다.

생각
더하기+

역사 분쟁을
어떻게 해결해야 할까요?

역사교육을 통해 침략과 전쟁, 식민 지배를 정당화하려는 움직임은 국가 간에 과거의 역사에 대한 이해의 차이를 드러낼 뿐 아니라 미래의 위협으로 인식되기까지 합니다. 또한 자기 나라의 역사만을 강조하다 보면 주변 국가의 역사에 대해 제대로 알지 못하게 되고, 결과적으로는 자국의 역사마저 올바로 이해하기 어렵게 됩니다.

역사 인식을 둘러싼 국가 사이의 갈등을 해결하기 위해 여러 가지 노력도 전개되고 있습니다. 그중 대표적인 것이 공동 연구를 바탕으로 역사 교재를 함께 개발함으로써, 자국 중심의 역사 서술에서 벗어나 지역이나 세계, 상호 관계의 관점에서 역사를 서술하자는 것입니다. 이런 노력으로 2000년대 이후 『미래를 여는 역사』『한·중·일이 함께 쓴 동아시아 근현대사』 등 한·중·일 공동 역사 교재들이 발간되었습니다.

공동 역사 교재의 개발은 한국과 일본뿐 아니라 두 나라 및 동아시아 전체의 역사에 커다란 영향을 미친 중국까지 포함하여 역사에 대한 이해를 함께함으로써 역사교육과 교과서를 둘러싼 갈등을 해소하려고 하였다는 점에서 그 의미가 큽니다.

한·중·일 3국의 공동 역사 교재 개발은 동아시아에서 역사 이해를 함께할 수 있는 중요한 첫걸음을 내디딘 것이라고 할 수 있습니다. 그러나 유럽에 비해 동아시아의 공동 역사 교재 개발은 그리 쉽지 않습니다. 동아시아 3국은 유럽보다 독자적인 역사 전개와 민족 구성을 보이며 문화적 교류와 공통성도 많지만 차이 또한 큽니다. 유럽의회나 유럽 공동체와 같은 정치적 공동체를 경험한 적도 없습니다. 더구나 근현대사에서 전쟁, 식민지 지배라는 가해자와 피해자의 관계에 있으며 그에 대한 정리와 청산 작업이 아직도 끝나지 않고 있기 때문입니다.

그렇다면 국가 간에 벌어지는 역사 갈등이 아닌 나라 안에서 일어나는 갈등은 어떻게 해결할까요? 우리나라에서 국정 교과서가 사회 전체를 뒤흔든 이슈가 된 것은 교과서 내용에 나오는 역사적 사실 때문이 아니라 교과서 내용이 '진리'인 것처럼 이해하는 인식 때문입니다. 직접적으로는 역사 해석을 하나로 통일하겠다고 정부가 나선 것이 원인이라고 할 수 있습니다. 역사 해석이 정치나 이념 문제가 된 것이죠.

그렇다면 역사교육에서 이 문제를 어떻게 접근해야 할까요? 한국과 일본처럼 역사교육을 둘러싼 사회 내부의 갈등이 심했던 유럽 국가가 독일입니다. 독일은 19세기에 통일을 이룬 이후 근대국가를 건설하는 과정에서 역사교육을 적극적으로 활용했습니다. 나치 독일 때는 절정에 달했습니다. 역사교육을 통해 독일 민족의 우수성을 국민에게 주입시켰으며 나치 독일의 제3제국을 가장 발전한 형태의 국가로 정당화했습니다. 역사 교과서를 비롯한 다른 교과서를 국정화하여 여기에 이용했습니다.

제2차 세계대전에서 패한 후 독일은 나치 정권을 비롯한 지난날 전쟁과 침략 행위, '홀로코스트(Holocaust)'로 대표되는 다른 민족에 대한 학살과 탄압을 반성했습니다. 홀로코스트는 제2차 세계대전 중 나치 독일이 유대인을 대량 학살한 사건으로 약 600만 명의 사람들이 죽임을 당했습니다. 그렇지만 이런 역사교육을 비판하는 견해도 사회 내부에 있었습니다. 자국이나 자민족 중심의 역사 서술을 옹호하고 전쟁은 독일만의 책임은 아니라고 주장한 것입니다.

양측은 상대방을 서로 비판했습니다. 이 때문에 정치적 갈등과 상호 비방이 심해졌습니다. 이런 갈등을 해소하려고 독일 남부 바덴뷔르템베르크(Baden-Württemberg) 주의 작은 도시인 보이텔스바흐(Beutelsbacher)에서 전국의 정치교육과 역사교육 담당자들이 모여 일주일간 치열한 토론과 논쟁을 했습니다. 그 결과 이념이나 정권과는 관련 없이 역사교육이 지켜야 할 원칙에 대한 세 가지 합의를 이루었습니다. 이 합의는 다음 해인 1977년 정리하여 발표되었습니다. 주요 원칙은 다음 3가지입니다.

첫째는 강제성의 금지입니다. 강압적인 교화나 주입식 교육을 하지 말아야 한다는 것입니다. 여기에는 '올바른 견해'라는 명목으로 학생들의 자율적인 판단을 방해해서는 안 된다는 생각이 깔려 있습니다.

두 번째는 논쟁 재현의 원칙입니다. 쟁점이 되는 문제들은 교실 수업에서도 사회에서와 마찬가지로 논쟁적 상황이 드러나도록 제시되어야 한다는 것입니다.

셋째는 학습자 이익의 상관성 원칙입니다. 역사와 정치의 논쟁점을 통해 학생들이 자신이 처한 상황과 이해관계를 고려한 실천 능력을 기를 수 있도록 해야 한다는 것입니다.

보이텔스바흐 협약은 역사교육에 대한 최소한의 합의를 마련한 것입니다. 이는 역사교육이 지식이나 교훈을 전달하는 것이 아니라 학생 중심의 비판적 분석과 다원적 관점을 가지게 해야 한다는 생각에 기반을 두고 있습니다. 다원적 관점을 받아들여야 학생들은 대립되는 역사 서술에 대해서 더욱 개방적이 되고, 관점을 바꿀 수 있는 훈련을 경험함으로써 비판적 능력을 함양하게 된다고 보았습니다.

근래 보이텔스바흐 협약은 우리나라에 널리 소개되고 있습니다. 보이텔스바흐 협약의 합의 사항이 역사적 사실의 성격을 잘 반영하고 있으며, 역사교육을 둘러싼 사회적 갈등이나 역사 교과서 국정화를 둘러싼 갈등을 해소하는 좋은 예를 보여주기 때문입니다.

조선을 사랑한 일본인이 있다고요?

• • •

한국사에 이름이 나오는 일본인은 어떤 사람들일까요? 아마도 임진
왜란을 일으킨 도요토미 히데요시나 한국 침략에 앞장서다 안중근에게
사살된 이토 히로부미와 같은 인물을 떠올릴 것입니다. 그런데 이와는
정반대의 이미지로 등장하는 일본인이 있습니다. 바로 야나기 무네요
시입니다. 그는 외할아버지가 일본 해군 대장과 해군 장관을 역임했으
며 아버지도 해군 소장일 정도로 명문 가문 출신이었습니다. 자신도 귀
족이나 고위 공직자의 자식들이 다니는 초·중등학교를 거쳐 일본 최고
대학인 도쿄제국대학을 나올 만큼 엘리트였습니다. 그러나 야나기는
28세이던 1916년 조선을 여행하면서 경주 불국사와 석굴암, 합천 해인
사 등을 둘러본 다음 감명을 받고 조선 예술을 사랑하게 됩니다.

• 야나기의 『윌리엄 블레이크』와 친필 원고 •

　야나기가 특히 관심을 보인 것은 조선의 공예품이었습니다. 공예 전
문가였던 야나기는 조선 공예품의 아름다움에 감동하여 본격적으로 수
집하고 연구 활동을 했습니다. 그리고 조선 예술을 알리는 글을 써서
책으로 간행하고, 전시 등을 통해 그 우수성을 알렸습니다.

　야나기는 도자기와 그림, 자수, 금속이나 나무로 만든 공예품 등을
민중 예술이라는 의미로 '민예(民藝)'라고 불렀습니다. 그는 조선 공예품
의 특징을 단순히 진열해놓고 감상하는 게 아니라 실제로 사용하는 데
있다고 보았습니다. 생활 속에서 사용하기 때문에 느끼는 친근함, 그것
이 조선 공예품의 특징이라는 것입니다.

　조선 예술을 사랑했던 야나기는 조선이 강대국에 휘둘리는 것을 안
타까워했습니다. 그리고 조선 총독부에 의해 조선 예술품이 손상되는
것을 막기 위해 애썼습니다. 조선총독부가 박람회를 열기 위해 경복궁

의 정문인 광화문을 헐어버리려고 하자 야나기는 이에 항의하며 적극적인 저지 운동에 나섰습니다. 야나기와 여러 사람의 노력으로 광화문은 헐리지 않고 원래 형태를 유지한 채 경복궁 동쪽 편으로 옮겨졌습니다. 이처럼 한국 예술을 연구하고 보존한 공로로 야나기는 비록 죽은 다음이지만 1984년 우리나라 정부로부터 보관문화훈장을 받았습니다.

야나기 무네요시에게 조선 도자기의 아름다움을 전해준 아사카와 노리다카(淺川伯敎)와 그의 동생 아사카와 다쿠미(淺川巧)도 조선을 사랑했던 일본인입니다. 아사카와 노리다카는 식민지 조선에서 심상소학교(지금의 초등학교) 교사를 하면서 조선 도자기에 빠져들었습니다. 그래서 많은 도자기를 수집하고, 한반도 전국의 가마터를 돌아다니면서 조사했습니다. 그는 일본이 패망한 후에도 돌아가지 않고 1년 넘게 한국 땅에 남아서 도자기 연구를 계속했습니다. 그러다가 1946년 11월 일본으로 귀국하면서 자신이 수집한 수천 점의 공예품을 한국에 돌려주었습니다.

아사카와 다쿠미도 조선의 도자기에 깊은 관심을 가지고 아꼈습니다. 아사카와 다쿠미는 24세에 조선 땅에 건너와서 17년간 살다가 40세에 조선 땅에서 죽었습니다. 아사카와 다쿠미는 도자기 수집과 연구 외에도 조선총독부가 무분별하게 산림을 벌채하는 것을 막고 민둥산에 나무 심기에 힘썼습니다. 조선의 아름다운 자연을 사랑한 것입니다.

아사카와 다쿠미의 무덤은 지금도 서울 중랑구의 망우리 공원묘지에 있습니다. 그의 무덤에는 '한국의 산과 민예를 사랑하고 한국인의 마음속에 살다간 일본인 여기 한국의 흙이 되다'라고 쓴 비석과 청화백자의 조각품이 서 있습니다. 한국임업시험장 직원들이 세운 것입니다.

야나기 무네요시, 아사카와 형제가 한국인의 민족운동을 돕거나 일본 제국주의와 한국 침략, 식민 지배를 정면으로 비판한 것은 아닙니다. 이들이 조선 예술에 관심을 갖고 보존 활동을 펼친 것이나 야나기 무네요시가 한국의 아름다움을 '백색의 미'로 표현한 것을 두고 자연이나 예술에 대한 사랑으로 한정 짓고, 식민사관에서 비롯된 온정주의라고 비판하기도 합니다.

그렇지만 그들은 한국 예술과 한국인을 사랑하고, 한국과 일본이 평화로운 관계를 유지해야 한다고 생각했습니다. 그런 마음으로 국경을 넘어서 한국을 수탈하고 한국인을 억압하는 자신의 조국 일본을 비판했습니다.

• 아사카와 다쿠미 무덤과 친필 원고 •

역사를 어떻게
공부하나요?

우리는 학교 수업 외에도 다양한 통로로 역사와 만납니다. TV에서는 끊임없이 역사 드라마를 방송하며 서점에 나가보면 청소년 역사책들이 적잖이 진열되어 있는 것을 볼 수 있습니다. 인터넷에서 역사 정보를 얻고 강의를 듣기도 합니다. 박물관에서 전시물을 보기도 하고, 유적지에서 현장체험을 하기도 합니다. 학교에서 배우는 역사와 그 밖의 통로로 배우는 역사는 어떤 차이가 있을까요? 청소년 역사책, 역사 드라마나 소설 등 미디어와 현장체험학습의 의미를 통해 학교 밖에서 배우는 역사에 대해 알아볼까요?

01

학교에서 배우는 역사는
왜 재미가 없을까요?

달라지지 않는 역사교육

인터넷의 'ㅇㅇㅇ 한국사', 'ㅁㅁㅁ 한국사 강의'라는 말을 들으면 많은 사람이 금방 강사의 이름을 떠올릴 것입니다. 이런 강의들이 인기를 끄는 것은 무엇보다도 재미있고 머리에 '쏙쏙' 들어오기 때문일 것입니다. 이런 강의들은 듣는 사람에게 역사적 사실의 강한 이미지를 심어줍니다. 그런데 학교 역사 수업에 대해 그런 기억을 가지고 있는 사람은 별로 없습니다. 왜 이런 현상이 나타날까요?

'역사 수업' 하면 어떤 모습이 떠오르나요? 30대 이상이 된 많은 사람의 머릿속에 남아 있는 모습은 다음과 같을 것입니다.

깨알 같은 글씨가 가득 채워져 있는 교과서, 교사의 줄기찬 설명, 썰렁해도 그나마 재미있는 옛날이야기, 적당히 졸거나 자거나 떠드는 아이들, 시험에 나올 가능성이 크다고 생각하는 교과서 내용에 밑줄 쫙, 모레가 중간고사니까 오늘부터 외우기 돌입….

학교 역사교육을 이야기할 때면 떠올리는 모습입니다. 지금은 좀 달라졌을 수도 있겠네요. 2000년대 들어 교과서의 크기가 커지고 컬러로 바뀌었으며 자료들이 늘어나고 탐구 활동도 포함되었으니까요. 역사 수업에서 탐구와 토론, 글쓰기와 같은 활동을 하는 경우도 종종 찾아볼 수 있고요.

그렇지만 전체적으로 보면 학교 역사교육은 여전히 진부함을 벗어나지 못한 것 같습니다. 교과서는 여전히 딱딱한 내용으로 가득 차 있으며 교사는 끊임없이 설명하고 학생들은 필기하는 수업이 많습니다. 역사 공부는 외우고 또 외우는 것이라는 생각도 여전합니다. 이처럼 변하지 않는 학교 역사교육이 역사 공부를 멀리하게 만드는 원인으로 지적됩니다.

• 다른 나라 역사교육 •

역사 공부는 사실을 외우는 것일까요?

자라면서 역사를 처음 접하게 되는 때가 언제일까요? 제가 어렸을 때만 해도 이런 질문에 대한 답변은 대부분 '할머니가 들려주는 옛날이야기'였습니다. 지금은 인터넷이나 다양한 텔레비전 채널 등을 통해 역사 이야기를 들을 기회가 많아졌으니 예전과 많이 다를 것 같습니다. 그렇지만 어렸을 적에 이야기책이나 위인전을 통해 역사를 공부하는 것은 예나 지금이나 비슷할 것 같습니다. 책 중에서 만화로 역사를 읽었을 수도 있고요.

여러분은 여기에 나온 역사적 사실들이 재미있었나요? 아니면 부모님이 책을 사주고 읽으라고 하셔서 그냥 읽었나요? 재미있게 읽은 사람도 있고 그렇지 않은 사람도 있을 것 같네요. 그렇지만 초등학생들은 대체로 과거의 일에 관심을 보이고 흥미를 가진다고 합니다. 「한국을 빛낸 100명의 위인들」과 같은 노래가 널리 불리고 '옛날이야기'를 좋아하는 것도 역사에 대한 흥미를 보여줍니다.

그런데 초등학교 고학년이 되어 수업 시간에 역사를 본격적으로 공부하기 시작하면 많은 학생이 역사를 싫어하기 시작합니다. 중학교와 고등학교에서 역사를 더 많이 배울수록 싫어하는 학생도 점점 많아집니다. 그러다가 고등학교를 졸업하고 역사를 배우지 않아도 되면 오히려 역사를 좋아하는 사람이 다시 늘어납니다. 학교에서 역사를 배울수록 싫어하는 사람이 많아지고 의무적으로 역사를 공부하지 않아도 되면 좋아하는 사람이 늘어나는 현상을 어떻게 받아들여야 할까요?

어쩌면 이런 문제점은 역사학이 가지는 본질적인 성격 때문일 수도 있습니다. 역사는 원래부터 이야기이고, 이야기를 읽거나 듣는 것도 역사 공부라고 할 수 있습니다. 그렇다면 글로 된 교과서를 읽으면 되고, 교사의 설명을 들으면 되는 것이 아닐까요? 이전에는 할머니의 옛날이야기를 귀로만 들어도 재미있어 하고, 한국사 이야기책을 눈으로만 읽어도 재미있어 하는 아이들이 있었습니다. 그 속에서 우리는 역사를 배우고 익혔습니다. 달리 재미있는 이야기를 들을 기회도 없고 읽을 만한 책도 별로 없었기 때문이지요.

지금은 어떨까요? 서점에는 흥미로운 역사책들이 쉽게 눈에 띄고 인터넷에 접속하기만 하면 역사 이야기가 넘쳐납니다. 과거의 궁금한 일도 쉽게 알아볼 수 있습니다. 그런데도 학교 역사 수업은 크게 달라지지 않고 있죠. 지금과 똑같은 방식으로 공부했는데도 과거에는 오늘날보다 역사를 재미있어 하는 학생들이 더 많았습니다. 이렇게 보면 학교에서 역사 과목이 인기가 없는 데는 역사 수업의 방식뿐 아니라 시대의 변화도 한몫한다고 할 수 있습니다. 어찌 보면 어쩔 수 없는 현상이 아닐까 하는 생각도 듭니다.

역사는 알면 알수록 재미있어요

여러분은 수학이 재미있나요? 수학 공부를 재미있다고 생각하는 사람은 거의 없을 것입니다. 그렇지만 수학 수업 시간이 재미없다고 비판하는 사람은 별로 없습니다. 왜 수학을 배워야 하느냐고 따지는 사람도 찾아보기 어렵습니다. 수학은 재미없지만 필요한 과목이라는 인식이 뿌리 깊기 때문입니다.

사실 학교 공부는 반드시 재미있어서 하는 것만은 아닙니다. 재미 여부와 상관없이 앞으로 한 사람의 시민으로 사회에서 살아가고 자신의 역할을 하는 데 필요한 소양이나 능력을 갖추는 데 필요하다면 학교에서 가르치고 배워야 합니다. 또한 어떤 과목의 공부가 재미있는지가 공부하기에 앞서 정해져 있는 것도 아닙니다.

애초부터 좋아해서 공부하기도 하지만, 공부해서 아는 것이 많아지면 재미를 느끼는 경우가 더 많습니다. 공부와 흥미가 상호작용하는 것입니다. 여러분 주변에 역사 공부가 재미있다고 하는 친구들을 보면 대체로 역사를 잘 알고 있는 경우일 것입니다. 지겹더라도 꾸준히 역사책을 읽고 공부하다 보면 좋아하게 된다는 것을 알 수 있습니다.

그래도 학교 역사교육이 변하기는 해야 할 것 같습니다. 사회에서 변화를 요구할 뿐 아니라 역사교육에 종사하는 사람들도 변화의 필요성을 느낍니다. 무엇보다도 교실 수업에서 학생들과 씨름하는 교사들이

•「교실, 공부하는 아이들」•

공부해서 아는 것이 많아지면
재미를 느끼는 경우가 더 많아요.
공부와 흥미가 상호작용하는 것이지요.

변화를 소리 높여 주장합니다. 때로는 수업 방식을 바꾸기 위해 몸부림 치기도 합니다. 이전에는 가끔 역사를 재미있어 하는 학생들도 있었고 교사의 설명을 열심히 듣는 학생들도 있었습니다.

지금도 그런 학생들이 전혀 없는 것은 아니지만, 그 수가 눈에 띄게 줄어들었다는 것이 일반적인 견해입니다. 하지만 수업 시간에 자거나 다른 짓을 하거나 다른 과목을 공부하는 학생들은 갈수록 많아집니다. 뭔가 대책을 세우고 새로운 변화를 모색해야 할 때입니다. 역사를 좋아 하는 여러분이 그 방법을 생각해보면 어떨까요?

02
역사 교과서와 일반 역사책은
어떻게 다를까요?

이준의 죽음이 '자결'에서 '순국'으로 바뀐 이유

'이준'이 어떤 일을 한 사람인지 알고 있나요? 역사에 약간 관심이 있는 사람이라면 어렵지 않게 그 이름을 알 것입니다. 그는 고종의 명을 받고 네덜란드 헤이그에서 열린 만국평화회의에 참석해서 을사조약의 부당성과 일본의 침략 행위를 세계 여러 나라에 알리려고 했으나 그 뜻을 이루지 못하고 죽었습니다.

헤이그 특사는 이상설, 이준, 이위종 세 사람입니다. 이 중 대표인 정사(正使, 사신 가운데 우두머리)는 이상설인데 사람들에게는 오히려 이준의 이름이 귀에 익숙합니다. 이준이 헤이그에서 죽었기 때문입니다. 이준의 죽음을 서술한 1950년대의 두 교과서 내용을 비교해보죠.

때마침 하아구(Hague)에서 제3회 만국평화회의가 열렸을 때, 밀사 이준, 이상설, 이위종을 파견하였다. … 일·영의 방해로 뜻을 이루지 못하고 통분한 이준 열사는 자살하기에 이르렀던 것이다. (역사교육연구회, 『중등국사』, 정음사, 1956, 144쪽)

광무 11년(서기 1907) 6월에 만국평화회의가 화란 서울 헤그(Hague)에서 열리자 … 이상설·이준·이위종 등 3명의 대표를 파견하였다. … 이준 열사는 원통함을 참지 못하여 그곳에서 분사하였다. (신석호, 『중학교용 사회생활과 국사』, 동국문화사, 1957, 158쪽)

한 교과서는 이준이 '자살'했다고 표현하고, 다른 교과서는 '분사(憤死)'했다고 표현하고 있습니다. 물론 '분사'는 분에 못 이겨 죽었다는 뜻이니까 자결을 이렇게 표현한 것일 수도 있습니다. 그러나 여기에서 '분사'는 이준이 자결한 것이 아니라 병으로 죽었다는 뜻입니다. 오랫동안 많은 사람은 이준이 자결한 것으로 알고 있었습니다. 고종의 명을 받아 헤이그에 갔으나 일본과 영국 등의 방해로 회의에 정식으로 참석하지 못하자 분을 참지 못한 이준이 이를 항의하기 위해 배를 갈라 자결했다는 것이었습니다. 극적인 장면이 연상되지요? 을사조약 체결에

대한 울분을 이준의 자살로
드러내고 싶은 마음이었을
것입니다.

• 헤이그 특사 •

그러나 당시 현지 보도
를 보면 이준은 자살한 것
이 아닙니다. 학자들 중에
도 이준의 자살설을 믿지
않는 사람이 많았습니다. 그러다 보니까 1950년대 교과서들은 이준의
죽음을 '자살'과 '분사'로 달리 서술했던 것입니다. 이 문제가 혼란을 불
러일으키자 1956년 국사편찬위원회는 연구 조사를 통해 이준이 병을
얻어서 자연사(自然死)한 것이라고 결론을 내렸습니다. 자연사라 하더라
도 분을 이기지 못하여 병이 난 것이므로 사실을 그대로 밝힌다고 하여
혼란을 일으키지 않을 것이며 이준 열사에게 불경(不敬)을 저지르는 것
도 아니라고 덧붙였습니다.

그리고 이준의 죽음을 '분사'라고 쓰기로 정리하였습니다. 그러나 많은
사람은 여전히 이준이 자결했다고 알고 있으며 이준의 죽음을 어떻게 표
현할지도 계속 논란이 되었습니다. 그러자 국사편찬위원회는 1962년 다
시 의견을 수렴하여 이준의 죽음을 '순국'으로 표현하기로 했습니다. 이
에 따라 1970년대 이후 나온 교과서들은 '순국'으로 표현을 통일했습니
다. 이준의 죽음이 '자결 → 분사 → 순국'으로 바뀐 것입니다.

역사적 평가에 따라 사건의 이름이 달라져요

이런 이야기를 하는 것은 잘못 알려진 역사적 사실을 바로 알리려는 목적 때문이 아닙니다. 교과서 내용을 결정하는 한 사례를 보여주기 위해서입니다. 여기에서 보듯이 역사 교과서의 내용은 정부나 교육기관들의 정책으로 결정되는 경우도 많습니다.

역사적 사건은 용어에 따라서 의의나 평가가 달라집니다. 한국사에서 가장 다양하게 불리는 사건은 아마도 동학농민운동일 것입니다. 교과서에서는 '동학농민운동'이라고 쓰지만, '동학농민전쟁', '동학혁명', '동학농민혁명', '갑오농민전쟁', '동학난' 등 학자나 관련 단체에 따라 용어를 다양하게 사용합니다. 운동의 주체를 동학으로 보느냐 농민으로 보느냐, 운동의 성격을 혁명, 전쟁, 난 중에서 무엇으로 보느냐에 따라 사건의 명칭이 달라집니다.

하지만 교육부가 '동학농민운동'을 교과서 편수 용어(교육부가 역사학자들과 심의해 확정한 역사적 사실의 용어. 교과서는 이 용어를 따른다)로 정했기 때문에 모두 이 용어를 사용합니다. 물론 학문적, 교육적 논의를 거쳤겠지만, 하나의 정책으로 교과서 용어를 결정한 것입니다. 동학농민운동뿐 아니라 많은 용어가 교육부의 편수 용어로 교과서에 서술됩니다.

'교과서적이다'라는 말이 있습니다. 사전적으로는 '어떤 분야에서 모범이 된다', '판에 박혀서 현실적이지 않다'라는 의미를 가지는 말입니다. 앞의 의미는 긍정적으로 들리지만, 뒤의 의미는 부정적인 뉘앙스가 강합니다. 어느 편이건 간에 '교과서적이다'라는 말은 가장 표준이 된다는 의미가 있습니다. 역사 교과서도 마찬가지입니다. 역사 교과서에 써 있는 역사적 사실은 이를 연구한 사람의 해석이며 교과서를 쓰는 사람에 따라서도 달라집니다. 그것이 역사 교과서를 둘러싸고 논란이 일어나게 되는 원인이라는 사실도 앞에서 살펴보았습니다.

역사 교과서 편찬에는 까다로운 절차가 따라요

역사 교과서 내용을 '교과서적'이라고 보는 사람이 여전히 많습니다. 왜 그럴까요? 교과서는 일반 책과는 달리 일정한 절차를 거쳐 만들어집니다. 이 절차를 법이나 제도로 정한 나라도 많습니다. 우리나라에서는 대통령령으로 '교과용 도서에 관한 규정'을 만들어 교과서의 종류, 발행, 선정, 수정 등의 절차와 방식 등을 정하고 있습니다. 더구나 우리나라는 학교에서 배울 과목과 과목별로 다루어야 할 내용의 범위와 요소들도 국가 차원에서 미리 제시합니다. 이를 제시한 문서를 '교육과정'이라고 합니다.

이와는 별도로 역사 교과서의 경우에는 사료가 부족하거나 해석의 차이 등으로 논란이 될 수 있는 역사적 사실의 기본적인 서술 원칙을 제시한 '집필 기준' 또는 '편찬 기준'을 두고 있습니다. 저자가 다르더라도 역사 교과서 내용은 이 원칙 속에서 서술되는 것이지요. 국정 교과서야 정부가 펴내는 것이니까 두말할 나위 없지만, 그렇지 않더라도 교과서로 인정받고 학교에서 사용되려면 상당히 까다로운 심사 절차를 거쳐야 합니다.

2016년에 사용된 역사 교과서의 경우 심사본을 제출하여 통과된 다음, 다시 수정 지시에 따라 수정하여 최종 합격한 책입니다. 이를 '검정 심사'라고 합니다. 검정 심사에 합격하려면 교육과정과 집필(편찬) 기준을 따라야 하고, 심사 기관의 수정 의견에 따라 내용을 고쳐서 다시 심사를 받아야 합니다. 교과서로 사용되기까지 꽤 까다로운 절차를 거치는 것이지요. 이 때문에 교과서 발행 제도는 국가가 교과서 내용을 통제하는 수단으로 이용되는 일도 많습니다.

역사 교과서 발행 절차와 제도가 생각보다 복잡해서 금방 머리에 정리되지 않죠? 그냥 다른 책보다 까다롭고 복잡한 절차를 거치고 있으며 우리나라의 경우 국가가 이를 통제한다는 정도로 알아두어도 괜찮습니다.

교과서 발행 제도나 절차는 국가마다 상당한 차이가 있습니다. 국가 교육과정이 아예 없거나 있더라도 교과서 내용과는 상관이 없는 나라도 상당수 됩니다. 일부 나라들은 일반적인 책과 교과서의 명확한 구분이 없는 경우도 있습니다. 사회에서 유통되는 책을 수업에 사용하면 교과서가 되는 셈입니다. 이런 나라들의 경우 어떤 책이 '교과서'인지 여부는 학교에서 사용하는가 아닌가로 구분할 수밖에 없습니다.

교과서보다 일반 역사책 내용이 다양해요

교과서 외에 전문적인 역사책은 역사학자가 자신의 연구 결과를 정리하고 주장을 담은 것입니다. 구성이나 내용 서술에 특별한 제한이 없습니다. 물론 교과서가 아니더라도 역사책은 사료에 바탕을 두고 과거에 일어난 일을 서술해야 하며 다른 사람이 읽기에 내용이 설득력이 있어야 합니다. 역사 개설서와 교과서의 단원 구성이 비슷해 보이는 것은 이 때문입니다. 그러나 일반 역사책은 폭넓은 주제를 다루거나 구성이나 서술을 다양하게 할 수 있습니다. 그래서 교과서에는 나오지 않는 내용도 자주 볼 수 있습니다.

교과서와는 달리 특정 주제를 다루는 역사책도 늘어나고 있습니다. 근래에는 생활사, 과학기술사, 음식의 역사 등을 다루는 역사책이 간행되어 인기를 끌고 있습니다. 『식탁 위의 한국사』 『식탁 위의 세계사』 『총 · 균 · 쇠』 『호열자 조선을 습격하다』와 같은 책들은 제목에서도 흥미를 느끼게 됩니다. '호열자'가 뭐냐고요? 콜레라입니다. 근래에는 전염병이 역사 변화에 미친 영향이 역사 연구에서 관심을 끌고 있거든요.

한편으로 이런 역사책들이 교과서 내용에 영향을 미치기도 합니다. 예를 들어 생활사 연구가 활발해지고 'ㅇㅇ 시대 사람들은 어떻게 살았을까?'와 같은 생활사 책들이 인기를 끌면서 교과서에도 관련 내용이 늘어났습니다. 앞에서 살펴보았듯이 여성사 연구가 활발해지면서 역사 교과서에도 여성 이야기가 늘어났습니다. 교과서를 집필하는 사람들이 일반 역사책을 참고한다는 뜻입니다. 그렇지만 이런 내용을 많이 담기에는 근본적으로 한계가 있습니다. 교과서와 일반적인 역사책의 차이입니다.

03 일반 역사책이 교과서보다
재미있는 이유는 무엇일까요?

인기 많은 어린이 · 청소년 역사책

서점에는 어린이나 청소년을 대상으로 하는 역사책들이 많이 나와 있습니다. 1990년대는 '애니메이션 한국사'라는 이름으로 만화 한국사가 유행했으며 근래에는 통사뿐 아니라 주제사, 생활사 등 다양한 구성의 한국사 책들이 간행되었습니다. 사진이나 그림으로 보는 한국사, 지도로 보는 한국사 등 형식도 다양해지고 있습니다. 어린이 역사책 중에는 수십만 권 이상 팔린 책도 여러 종 됩니다. 이런 책들이 많이 간행되고 팔린다는 사실은 그만큼 많은 사람이 역사책에 관심을 갖고 있다는 걸 증명합니다.

이 책도 청소년 역사책 중 하나입니다. 그렇지만 대부분의 어린이·청소년 역사책이 역사적 사실 자체를 다루는 데 반해 이 책은 역사적 사실이나 역사 공부의 의미를 서술하고 있다는 점에서 차이가 있습니다. 교과서와는 달리 어린이·청소년 역사책들은 왜 널리 읽힐까요? 교과서보다 내용이 쉽고 간단하기 때문일까요?

어린이·청소년 역사책에서는 역사적 사실을 교과서보다 훨씬 깊이 있게 다루는 경우가 많습니다. 교과서와는 달리 내용 구성이나 서술, 편집에서도 자유롭습니다. 그림이나 사진을 비롯하여 다양한 자료를 활용하는 경우도 많고요. 역사 전반을 다루는 교과서와는 달리 특정 주제에 초점을 맞춘 역사책들도 상당수 됩니다. 저자의 관점이 강하게 들어가기도 합니다. 독자의 관심을 끌 만한 요소를 갖춘 것입니다.

이야기로 구성된 역사책이 많아요

어린이·청소년 역사책들은 이야기로 구성된 것들이 많습니다. 이야기는 역사를 쓰는 기본적인 형태입니다. 그래서 역사 서술의 특징적인 형태를 '내러티브(narrative)'라고 합니다. 이런 책들은 시간의 흐름에 따라 줄거리를 가지고 이야기를 서술하는 경우가 많습니다. 이렇게 하면 설사 자세한 내용 중 일부를 기억하지 못하더라도 흐름을 알게 됩니다.

역사 서술의 기본 구조에 적합한 내용 구성 방식이죠. 물론 흥미롭고 다양한 자료들과 생동감 있는 문장 서술도 이런 역사책들이 관심을 끄는 요인입니다.

역사 서술이 줄거리를 가지기 위해서는 이야기의 줄거리를 구성하는 내용 요소가 적으면서도 일관성이 있어야 합니다. 교과서는 역사적 사실을 나열식으로 서술합니다. 그래서 사실들이 하나의 이야기로 이어지지 않은 채 따로따로 나오는 경우가 많습니다. 학교 역사 선생님은 '역사는 흐름을 이해해야 한다'라고 강조하지만, 실제로 학생들이 역사 공부를 할 때는 정리해서 외워야 하는 이유가 여기에 있습니다. 이에 반해 어린이·청소년 역사책들은 적은 내용 요소들을 하나의 이야기로 구성합니다. 그러다 보니까 교과서보다 내용 전개가 구체적입니다. 그래서 교과서 내용처럼 '딱딱한 지식'으로 다가오기보다는 '재미있는 이야기'로 다가오는 것이지요.

그렇다면 역사 교과서도 이런 역사책들처럼 이야기로 구성하면 되지 않을까요? 실제로 역사 교과서의 구성과 서술을 그런 방향으로 바꾸자는 주장이 있습니다. 물론 앞에서 살펴본 것처럼 교과서는 제도적으로 여러 가지 제한이 있는 책이므로 쉽지는 않겠지요. 그래도 교과서의 서술 방식이 내러티브 식으로 달라져야 한다는 주장은 설득력이 있습니다.

04

드라마나 소설로
역사를 배워도 괜찮을까요?

역사를 소재로 한 드라마, 영화, 소설의 다양화

　TV에서는 역사 드라마를 자주 방영합니다. 그냥 '사극'이라고 불리는 드라마도 있고, 제목에 '대하 드라마'라고 이름 붙인 경우도 있습니다. 둘 사이에는 어떤 차이가 있을까요? 사극이나 대하 드라마 모두 역사적 사실을 소재로 합니다. 그렇지만 '대하 드라마'라고 하면 규모가 크고 역사적 사실을 본격적으로 다루는 것 같은 느낌이 듭니다. 실제로 대하 드라마는 정치적 변화를 보여주는 데 힘씁니다. 이에 반해 사극은 역사적 사실을 소재로 하지만 내용 중에는 작가가 지어낸 이야기가 많습니다.

하지만 대하 드라마이건 사극이건 드라마인 이상 어느 정도는 작가의 창작이 들어가게 마련입니다. 근래 역사 드라마가 자주 방영되는 것을 보면 어느 정도 인기가 있으며 고정 시청자를 확보하고 있음을 짐작할 수 있습니다. 드라마의 소재인 역사적 사실 자체가 흥미롭다면 더욱 그렇겠지요.

숙종의 왕비였던 인현왕후와 장희빈 이야기는 역사 드라마의 단골 소재입니다. 두 사람의 갈등은 역사적 사실이면서도 흥미로운 이야기 구조로 이루어져 있습니다. 예전에는 인현왕후와 장희빈 간의 암투와 이들에게 휘둘리는 숙종이 주된 이야기였지만, 근래에는 두 사람을 둘러싼 정치 세력의 움직임도 포함하는 경우가 많습니다. '인현왕후는 착한 여성, 장희빈은 악녀'라는 대립 구도도 조금씩 달라지는 듯합니다. 둘 사이의 갈등에서 조연으로 등장하던 최숙빈을 주인공으로 하는 드라마 「동이」가 방영되기도 했습니다. 하긴 최숙빈의 아들이 조선 시대

• 왕의남자/광해/명량/암살 •

를 통틀어 가장 오랫동안 왕의 자리에 있었던 영조라는 점에서 보면 조연으로만 등장하기에는 아쉬운 인물입니다.

TV 드라마뿐 아니라 역사 영화도 늘어나고 있습니다. 우리나라 영화 사상 가장 많은 관객을 동원한 「명량」은 워낙 유명한 이순신을 주인공으로 했으며 13척의 배로 130여 척의 일본 수군을 격파한 '기적 같은' 승리를 거둔 명량해전 이야기이므로 논외로 하더라도 남사당패의 광대와 연산군의 관계를 소재로 하는 「왕의 남자」나 광해군 때 일어난 일을 소재로 하는 「광해, 왕이 된 남자」, 일제강점기 의열단의 활동을 다룬 「암살」 등도 1천만 명 이상의 관객 수를 기록했습니다.

역사소설도 적지 않게 찾아볼 수 있습니다. 앞에서 역사소설인『소설 동의보감』이야기를 했죠? 이 책이 크게 인기를 끌면서 역사 인물을 주인공으로 하는 소설들이 연이어 나왔습니다.『소설 토정비결』은 사람의 운세를 점치는『토정비결』의 저자로 알려진 이지함을 주인공으로 하며 『소설 목민심서』는 관리들이 해야 할 일을 다룬『목민심서』의 저자 정약용의 일대기를 다루었습니다. 이에 앞서 「소설 목민심서」라는 같은 제목의 TV 드라마가 방영되기도 했습니다. 물론 함량 미달의 역사소설들이 나와서 문제가 되기도 합니다.

드라마나 소설이 역사를 왜곡했다고 비판받기도 해요

이처럼 역사 드라마나 역사 영화, 역사소설 등은 역사책보다 이야기 전개가 구체적이고 짜임새가 있어서 흥미롭습니다. 그런데 이런 작품들을 통해서 역사를 공부해도 괜찮을까요? 역사 수업 시간에 선생님들도 종종 영화나 드라마의 일부를 편집해서 보여주는 경우가 있습니다. 그러니 괜찮을 것도 같죠? 그런데 인기 있는 역사 드라마가 방영될 때 종종 역사적 사실과 다르다고 지적하거나 심지어 역사를 왜곡했다는 논란이 일어나기도 합니다.

TV 드라마 「기황후」는 고려 때 공녀로 원나라에 끌려갔다가 황후가 된 여성을 주인공으로 하고 있습니다. 2013년 방영될 당시 같은 시간대 드라마 중 시청률 1위를 기록했을 만큼 인기가 높았습니다. 드라마에서는 기황후가 능동적으로 자신의 삶을 개척한 여성으로 높이 평가됩니다. 고려에 대해서도 깊은 애정을 가진 인물로 나옵니다. 그러나 기황후에 대한 역사적 평가는 그리 긍정적이지 않습니다.

실제로 기황후는 황제의 권력을 등에 업고 원나라 조정을 장악하고 반대파를 숙청합니다. 당시에는 원나라가 고려의 정치에 깊이 관여하던 시절이었습니다. 다음번 왕이 될 고려 왕자는 태자 시절 원나라에 가서 생활하면서 원나라 공주와 결혼해야 할 정도였습니다. 기황후는 원나라 황제의 권세를 빌어 고려 조정에도 막강한 영향력을 행사합니

· 기황후 ·

기황후는 원나라 조정을 장악하고 고려의 정치에 관여하는 등

역사적으로 긍정적인 평가를 받지 못한 인물이에요.

하지만 드라마에서는 능동적으로 자신의 삶을 개척한 여성으로

묘사되어 논란이 있었어요.

다. 기황후의 가문은 고려에서 온갖 권세를 누립니다. 특히 기황후의 오빠인 기철은 고려 조정을 장악하여 막강한 권력을 휘두르고 사리사욕을 채웁니다. 드라마에서는 사치와 향락을 일삼은 충혜왕도 영웅적으로 묘사하여 논란이 되었습니다.

역사소설도 역사적 사실에 부합하는가 하는 논란에서 자유롭지 않습니다. 허준의 아버지는 지방 고을 수령을 지낸 양반이지만 어머니가 천민 출신의 첩입니다. 이 때문에『소설 동의보감』에서 허준은 벼슬을 할 수 없는 것으로 설정됩니다. 그런 허준이 출세의 수단으로 택한 길이 의원입니다. 그러나 병마에 시달리는 가난한 민중을 치료해주면서, 허준은 의술이 출세의 수단이 되어서는 안 되고 '인술'이 되어야 함을 깨닫습니다.

이 과정에서 서로 대비되는 두 사람의 의원이 등장합니다. 한 사람은 뛰어난 의술을 가지고 있지만 벼슬을 하지 않은 채 사람들을 병에서 구하는데 허준의 스승 유의태입니다. 유의태는 허준에게 의술이 인술임을 깨닫게 합니다. 이에 대비되는 인물이 내의원의 우두머리인 양예수입니다. 양예수도 뛰어난 의술 실력을 가지고 있지만 이를 오직 자신의 사리사욕을 채우는 데 이용합니다. 자연히 소설에서는 허준과 양예수의 갈등 구조가 그려집니다.

그렇지만 이런 설정은 역사적 사실과 거리가 멀다는 지적을 받습니다. 허준은 아버지가 정6품 부사였으므로 자신도 정6품까지는 오를 수 있었습니다. 허준의 스승 유의태는 후대 설화에 나오는 가공 인물입니다. 오히려 허준은 내의원에서 양예수의 지도를 받았을 가능성이 높습니다. 그런데도 소설은 왜 이런 설정을 했을까요? 아마도 '소설'로서 흥미를 높이기 위해서일 것입니다. 작가가 상상력을 발휘한 것이지요. 그렇다면 소설로서 허구가 들어간 『소설 동의보감』의 내용에 대해서 구태여 역사적 사실에 부합하는지 아닌지를 따질 필요가 있을까요?

사실 그처럼 많은 사람이 『소설 동의보감』을 본 것은 소설로서 내용 구성이나 이야기 전개가 뛰어났기 때문일 것입니다. 그런데도 역사학자들이 사실에 맞지 않는 내용을 들춰내는 것은 소설의 작품성을 평가한 것이 아니라 많은 사람이 잘못된 역사 인식을 가지게 될까봐 걱정하기 때문입니다.

모든 역사소설이 사실과 맞는지 분석되는 것은 아닙니다. 그만큼 이 책이 많은 사람에게 읽혀서 사회에 큰 영향을 끼쳤다는 의미도 됩니다. 역사 드라마를 놓고 논란이 벌어지는 것도 이 때문입니다. 드라마 「기황후」처럼 기황후가 지나치게 미화된다면, 원나라 황제의 힘을 등에 업고 고려 조정을 장악해 각종 부패 행위를 일삼은 기황후와 그녀의 집안이 저지른 과오는 성공담으로 바뀌게 됩니다. 반대로 공민왕이 기씨 집안을 비롯한 친원 세력을 몰아낸 행위는 부정적 행위가 되고, 이에 대한 반발로 군대를 동원해 고려를 공격하게 한 기황후의 행위는 정당화됩니다. 우리가 알고 있는 한국사 인식이 뒤바뀌는 것입니다.

역사 속 인물의 이미지를 강화하거나 바꾸기도 해요

광해군을 주인공으로 하는 역사 드라마나 영화가 늘어나면서 광해군의 이미지는 많이 좋아졌습니다. 그동안 광해군에게는 긍정적 이미지와 부정적 이미지가 병존했습니다. 새롭게 성장한 후금과 전통적인 조공 관계를 유지하던 명이 대립하는 가운데 실리적이고 중립적인 외교 정책을 펼친 점은 높이 평가되었습니다. 그렇지만 권력을 강화하기 위해 친형인 임해군과 이복형제인 영창대군을 죽이고 인목대비를 폐하여 가둔 것은 비판받았습니다.

그러나 드라마가 방영되면서 임진왜란 당시 광해군이 왕인 선조에게서 조정의 일을 나누어 받아서 일본군의 공격을 막고 전쟁을 수습하는 데 커다란 공을 세운 것이 대중에게 잘 알려졌습니다. 피난을 가기에 급급한 선조와 위험을 무릅쓰고 일본군이 이미 들어와 있는 지역 인근을 왕래하면서 병력을 모으고 나랏일을 처리하는 광해군의 모습은 매우 대조적입니다.

전쟁이 끝나고 선조가 세자인 광해군을 탐탁하게 여기지 않았던 데다가 후궁에게서 태어났으며 친형이 있는데도 광해군이 왕위에 오를 수 있었던 것은 이런 활동 때문이었습니다. 이로써 '중립외교'로만 한정되던 광해군의 긍정적 이미지는 크게 확대됩니다. 형제를 죽이고 '어머니'를 쫓아낸 행위 자체가 긍정적 평가로 바뀌지는 않았지만 어느 정도

• 「임진왜란, 평양성 전투」 •

광해군은 권력을 강화하기 위해 친형 임해군과

이복형제 영창대군을 죽여 비판받았어요.

하지만 임진왜란 당시 위험을 무릅쓰고 병력을 모으고

나랏일을 처리했으며 실리적이고 중립적인

외교정책을 펼친 점은 높이 평가받지요.

동정받기도 합니다.

정조를 주인공으로 하는 드라마나 영화도
마찬가지입니다. 소설과 이를 원작으로 하는
영화 「영원한 제국」이 오래전에 나왔으며 근
래에도 드라마 「이산」이나 영화 「역린」 등이 인
기를 끌었습니다. 정조는 이전에도 개혁 군주
의 이미지가 강했지만 이들 작품으로 그런 성
격은 훨씬 강화되었습니다.

· 정조 어진 ·

광해군에 대한 평가는 단순히 한 사람의 국
왕에 대한 평가가 아니라 임진왜란부터 병자호란까지 한국사의 흐름에
결정적 영향을 끼친 시기를 이해하는 데 커다란 몫을 차지합니다. 정조
에 대한 평가도 조선 후기의 역사를 이해하는 데 중요합니다. 역사 드
라마나 역사 영화가 이를 바꾸어놓을 수도 있는 것입니다. 역사 드라마
와 역사 영화, 역사소설 등 대중을 대상으로 하는 역사 창작물에 대한
역사가들의 분석과 비판, 평가가 늘어나는 이유가 여기에 있습니다.

더구나 드라마나 역사소설 중에서는 역사적 사실을 담았음을 강조하
는 경우가 있으며 그렇지 않더라도 독자나 시청자에게 사실을 다루는
것이라고 믿게 만드는 작품들도 있습니다. '대하 드라마'를 표방하는 작
품이나 인물들의 일대기가 자세히 나오는 소설들이 그렇습니다. 이 때
문에 이런 소설이 나오거나 작품이 방영될 때면 역사적 사실과 어떤 점

이 다른지에 대한 지적이 늘기도 합니다.

드라마나 소설이 역사에 대한
관심의 폭을 넓히기도 해요

근래에는 작품들이 다루는 역사적 사실의 소재가 다양해지면서 역사에 대한 관심의 폭을 확대하기도 합니다. 이를 계기로 드러나지 않았던 역사적 사실을 널리 알리는 역할을 하는 경우도 많습니다. 외국에 한류 붐을 일으켰던 드라마 「대장금」은 의녀의 존재를 부각시켰으며 「추노」는 도망간 노비를 추적하여 붙잡아 오는 노비 추쇄군이 있었음을 대중이 알게 했습니다. 드라마 「다모」의 '다모(茶母)'는 원래 차나 술 심부름을 하는 여성을 뜻합니다. 그런데 드라마에서는 조선 시대 '다모'라고 일컬은 여자 수사관이 존재했음을 알게 했습니다. 영화 「암살」은 의열단의 활동을 새롭게 조명하고, 의열 투쟁을 벌였으면서도 대중에게는 잘 알려지지 않았던 김상옥의 존재를 부각시켰습니다.

조선 후기의 대상인을 주인공으로 하는 드라마도 몇 차례 방영된 바 있습니다. 「상도」의 임상옥, 「거상 김만덕」의 김만덕 등이 드라마를 통해 대중에게 이름이 널리 알려졌습니다. 드라마를 계기로 주인공들이 태어나거나 활동한 지역에서는 이들을 기념하는 사업을 벌이기도 합니다. 지역을 홍보하고 관광 자원으로 삼으려는 것이지요. 제주도가 여성임에도 큰 상인으로 성장하여 가난한 백성을 위해 자신의 재산을 사용한 김만덕을 기념하는 사업을 대대적으로 벌이고 있는 것이 그 예입니다. 이처럼 드라마나 영화는 그동안 친숙하지 않았던 역사 속의 집단이나 인물을 새롭게 발굴하거나 널리 알리는 역할을 합니다.

사실과 지어낸 이야기를 조화시킨 사극과 역사소설

사극이나 소설은 기본적으로 창작물입니다. 작가나 저자가 만들어낸 내용입니다. 그렇지만 과거에 일어났던 일을 소재로 하므로 여기에 작가가 상상력을 집어넣어 이야기를 꾸밉니다. 문제는 이런 사실성과 상상력을 어떻게 조화시켜나가는가 하는 문제입니다.

이전에 역사 공부는 거의 학교 수업을 통해 이루어졌습니다. 그리고 역사 서술은 거의 대부분 문자 형태로 존재했습니다. 그러나 근래에는 다양한 경로를 통해서 역사적 사실을 알 수 있고, 다양한 형태의 역사 서술이 존재합니다. 따라서 교과서나 역사책 이외의 방식으로 역사를 공부하는 것도 자연스럽습니다. 역사소설이나 그림책, 드라마 등도 그런 형태일 것입니다.

학교 역사 수업도 이전에는 교과서만을 가지고 공부했지만, 요즈음에는 사료나 그 밖의 읽기 자료, 사진, 영상 등 다양한 학습 자료를 활용합니다. 그런 점에서 보면 역사소설, 역사 드라마, 역사 영화 등을 통해 역사를 공부하는 것 자체가 문제는 아닙니다. 다만 작가가 상상한 허구가 포함되어 있으므로 대중을 대상으로 하는 역사물이 기본적으로 이런 속성을 가졌다는 것을 염두하고 보면 될 것입니다. 또한 관심 가는 내용을 보면서 관련된 역사 사실을 확인해보는 습관을 가지면 더 좋겠지요.

05

지식을 채우기보다 역사를 '느끼는' 현장체험학습을 떠나요

소풍 아닌 현장체험학습을 떠나요

요즘은 현장체험학습을 많이 하죠. 예전에는 '소풍(逍風)'이라고 해서 한 학기에 한 번씩 야외에 나가 바람을 쐬고 도시락을 먹고 돌아오던 행사도 요즘은 모두 현장체험학습으로 바뀌었습니다. '소풍'은 '바람을 쐬면서 논다'라는 뜻으로 학교생활 외에 야외로 나갈 별다른 기회가 없는 학생들에게 휴식을 취하게 해준다는 성격이 있었습니다. 어머니가 싸주시는 김밥이나 간식을 먹을 수 있는 것도 큰 기쁨이었죠.

그런데 개인이나 가족 단위로 놀이의 기회가 많아지자 소풍의 취지는 별 의미가 없어지고 단순히 야외에서 한 끼 식사하는 형식적인 행사가 되었습니다. 소풍이 아니더라도 맛있는 음식이나 간식을 먹는 일은 일상생활 중에 종종 있는 일이고요. 그래서 소풍 대신 야외 학습의 성격을 집어넣어서 현장체험학습이 된 것입니다.

문화재 설명을 기억하지 못해도 괜찮아요

• 국립중앙박물관 •

현장체험학습 장소 중에서는 유적지나 박물관이 많습니다. 유적지의 연원이나 역사적 의미를 알고, 박물관 전시품을 통해 역사 지식을 습득하라는 취지입니다. 그래서 현장체험 장소에서 선생님이나 문화재 해설사의 설명을 듣는 경우가 많습니다. 때로는 현장체험을 하기에 앞서 사전 조사를 해서 자료집을 만들기도 하고, 현장체험에서 얻은 지식을 정리하여 과제로 제출하기도 합니다. 이런 이유로 박물관 전시물의 설명을 옮겨 쓰는 학생들이 많아지자 여러 박물관에서는 아예 노트나 수첩에 안내 설명을 쓸 수 있도록 받침대를 만드는 경우가 늘어나고 있습니다.

문화재에 대한 설명을 듣거나 안내문을 읽을 때 어떤 생각이 드나요? 안내문은 대체로 너무 어려운 말로 되어 있는 경우가 많습니다. 그러나 선생님이나 문화재 해설사의 설명은 다를 것입니다. 어떤 내용인가에 따라 너무 어려운 경우도 있고, 때로는 재미있는 경우도 있을 것입니다.

설명하는 사람의 말솜씨도 크게 좌우합니다. 가끔 말솜씨가 좋은 해설사를 만난다면 많은 사실을 배우기도 하지만, 말솜씨가 없는 해설사를 만난다면 선생님이 들으라니까 마지못해 듣겠죠. 학생들의 눈높이를 맞추는 일이 정말로 어렵다는 말은 선생님이나 문화재 해설사가 언제나 하는 이야기 중 하나입니다. 물론 듣는 사람이 역사에 어느 정도 관심이 있는지에 따라서도 크게 다를 것입니다.

그런데 재미있게 들은 이야기더라도 돌아온 뒤, 그 내용이 얼마나 기억나나요? 그중 한두 가지만 생각나거나 대부분 기억하지 못하는 경우가 많을 것입니다. 흥밋거리로 들은 이야기만 기억나고 정작 유적이나 문화재에 대한 설명은 잊어버리는 경우도 흔할 것입니다. 역사를 정말로 좋아하는 학생이라면 이 때문에 스트레스를 받을지도 모르겠습니다. 어쩌면 이 책을 읽는 사람들이 그럴 것 같기도 하고요. 그렇지만 그렇게 생각할 필요는 없습니다. 실제로 대부분의 사람들이 그러니까요.

역사 선생님은 평생 역사 공부를 계속해왔고, 문화재 해설사는 담당한 문화재나 유적에 대한 교육을 계속해서 받습니다. 그래서 그만큼 아는 것입니다. 한두 번 듣거나 읽은 것만으로는 이해가 되지 않거나 잊어버리는 현상은 당연합니다. 현장체험학습에서 들은 이야기는 역사책이나 인터넷, 그 밖의 역사 자료를 찾아보면 나오는 내용입니다. 그러니 들었는데 잊어버렸더라도 궁금한 내용이 있으면 언제라도 찾아보면됩니다.

현장체험학습은 '느끼는' 것이에요

현장체험학습은 왜 가는 걸까요? 그런 의문은 당연합니다. 그렇지만가본 적이 있는 것과 없는 것은 다르죠? 평소에는 TV에서 역사 유적 내용이 방송되어도 별 관심 없다가도 내가 가본 곳이 나오면 채널을 돌리지 않고 시청한 경험이 있을 것입니다. 그게 바로 현장체험학습의 효과입니다.

현장체험을 통해 역사 지식을 많이 얻지 못하는데도 유적지나 박물관에 가는 이유를 묻는다면 '느끼기 위해서'라고 대답해야겠습니다. 역사의 현장에 가보거나 박물관에서 전시물을 보면 옛사람의 자취를 느끼게 됩니다. '신석기시대에는 이런 토기를 사용했구나' '광개토대왕릉비는 이 정도 크기였네' '조선 시대 서원에는 여러 용도의 건물이 있었구나' '해방 후 김구 선생님은 이런 집에서 생활하고 업무를 보셨네' '국립중앙박물관에는 이런 유물을 전시하고 있었지'라고 느끼고 공감하는 것으로 충분합니다.

　물론 현장체험학습에
서 신석기시대 빗살무
늬토기 끝이 뾰족한 이
유나 토기에 뚫린 구멍
의 용도를 배우는 것은
필요합니다. 광개토대

· 경교장 백범 김구 거실 ·

왕릉비문에 적힌 설명을 읽고 내용을 기억한다면 훌륭한 역사 공부겠
죠. 서원의 구조, 해방 이전과 이후 김구의 활동 등도 현장체험학습에
서 들을 수 있습니다. 국립중앙박물관의 전시실 구조와 전시품 등의 설
명을 듣거나 안내문을 읽을 수도 있습니다.

　그렇지만 이런 내용을 기억하지 못하더라도 큰 문제는 아닙니다. 대
부분의 사람들이 그러니까요. 이런 내용을 알고 싶으면 나중에 필요할
때 찾아보면 됩니다. 이보다는 그 장소에 가본 경험과 느낌 자체가 역
사 공부입니다. 이렇게 생각한다면 조금은 가벼운 마음으로 현장체험
학습을 갈 수 있겠죠?

생각
더하기+

외우는 역사에서
생각하는 역사로

　6·25전쟁은 언제 일어났을까요? 2013년 안전행정부가 전국의 19
세 이상 성인 남녀 1,000명과 중·고등학생 1,000명을 대상으로 한 조
사 결과 6·25전쟁이 언제 일어났는지 모르는 청소년이 47.3%, 성인이
35.8%였다고 합니다. 이 조사는 6·25전쟁 정전 60주년을 맞이하여 국
민의 안보의식을 알아보기 위한 것이었습니다.

　이 결과는 학생들의 안보의식이 없다는 것 못지않게 역사 지식이 형
편없다는 인상을 주었습니다. 6·25전쟁과 같이 현대사의 중요한 사건
을 모른다는 뜻으로 해석되었으니까요. 이전에도 학생들이 3·1운동을
'삼점일 운동'이라고 읽었다고 해서 문제가 된 적이 있고, 이후에도 유
명 걸그룹이 역사를 소재로 하는 TV 예능 프로그램에서 안중근의 사진
을 알아보지 못했다고 해서 논란에 휩싸이기도 했습니다. 이는 학교 역

사교육이 부실하다는 비판으로 이어졌습니다.

6·25전쟁이 몇 년에 일어났는지 모르는 것이 그렇게 커다란 문제일까요? 물론 6·25전쟁은 한국 현대사에서 매우 중요한 사건입니다. 그리고 역사를 이해하려면 어느 정도의 사실 지식이 필요합니다. 역사적 사실을 기억하고 있어야 흐름을 이해하고 인과관계를 파악하는 데 도움이 될 것입니다.

하-은-주-춘추전국시대-진-한-삼국(위·촉·오)-남북조(북조: 5호 16국, 남조: 동진-송-제-양진)-수-당-5대 10국(5대: 후량-후당-후진-후한-후주)-송-원-명-청. 중국의 왕조 변화입니다. 제가 고등학교 1학년 때 세계사 첫 수업 시간에 선생님은 칠판에 중국의 왕조 이름을 썼습니다. 그리고 '중국은 왕조 변화가 많아서 나라 이름을 외우지 않으면 중국사를 이해하기 힘들다'면서 다음 시간까지 모두 외워 오라고 하셨습니다.

만만치 않은 과제였습니다. 남북조시대 북조의 5호 16국이나 5대 10국의 이름을 외우라고 하지 않은 것은 그나마 다행이었습니다. 다음 시간부터 모든 학생을 대상으로 실제로 외웠는지 검사했습니다.

제 경험에 비추어 보면 중국 왕조의 이름을 기억하는 것은 중국사를 이해하는 데 상당한 도움이 되었습니다. 세계사 선생님의 이런 수업 방법이 터무니없지는 않았다는 뜻입니다. 마찬가지로 조선 시대 왕의 이름을 기억하는 것은 조선 시대 역사를 공부하는 데 도움이 됩니다.

　여러분은 조선 시대 왕의 이름을 어떻게 기억하고 있나요? '태정태세 문단세, 예성연중인명선, 광인효현숙경영, 정순헌철고순(종)'이라고 외우는 사람들이 많겠죠. 그래서 암기 위주의 역사교육을 비판할 때 '태정태세문단세'식의 교육을 한다고 말합니다. 그러나 역사책을 읽거나 이야기를 듣다가 중간에 왕 이름이 나올 때 어느 시기의 왕인지 기억하고 있으면 시대 상황을 이해하는 데 도움이 됩니다.

　지금도 역사를 공부할 때 구체적인 사실을 정확히 외워야 할까요? 이에 대한 생각은 사람마다 다를 것입니다. 다만 이전과 확실히 달라진 점은 사건이나 사람 이름, 연도 등을 정확히 외워야 할 필요성이 적어 졌다는 사실입니다. 컴퓨터와 인터넷이 발달하면서 이런 정보들을 어렵지 않게 얻게 되었습니다. 더구나 스마트폰의 보급은 어느 장소에서 건 짧은 시간 안에 역사적 사실을 확인할 수 있게 만들었습니다. 그렇다면 과연 우리는 역사를 어떻게 공부해야 할까요?

　역사는 지난날 인간의 행위를 다룬다고 했죠? 따라서 역사적 사실은 어떤 상황과 관련된 사람들이 생각하고 판단한 결과입니다. 즉, 역사적 사실은 인간의 사고 결과입니다. 그렇다면 역사를 만들어낸 과거 사람들이 경험했던 것과 마찬가지로 역사를 공부하는 사람들에게 사고의 기회를 제공하는 것이 역사 연구와 교육이 해야 할 일이 아닐까요?

　역사교육에서 지향해야 할 사고방식으로 자주 언급되는 것이 비판적 사고입니다. 이는 역사적 사실이나 해석을 무조건 받아들이는 것이 아니라 자신의 관점에서 평가하는 것입니다. 비판적 사고를 위해 역사를 공부할 때 가져야 할 태도는 어떤 것일까요?

하나는 지난날 인간의 행위에 대한 비판입니다. 역사적 사실을 만들어낸 과거 사람들의 잘잘못을 따져보고, 다른 판단이나 선택을 할 수 없는지 생각하는 것입니다. 과거 사람들도 여러분과 마찬가지로 여러 생각을 해보고 행동했을 테니까요.

또 하나는 역사 서술의 문제입니다. 우리가 읽는 역사책들은 지난날 일어났던 일을 저자가 자기 나름으로 해석하고 평가해서 기록한 것입니다. 저자의 관점과 해석이 들어가 있는 것이지요. 책이나 글에 들어 있는 저자의 관점이나 해석이 어떤 것인지 추론하고, 이를 자신의 관점으로 평가하는 것이 비판적 사고입니다.

역사가가 역사를 연구하는 것과 마찬가지로 여러분도 '역사적으로 생각하는 것'입니다. 이런 생각 습관을 통해 사회 문제를 깨닫고 한 사람의 사회구성원으로 사회를 바람직한 방향으로 바꾸는 데 역할을 할 수 있을 것입니다. 그것이 역사를 공부하는 목적이기도 하니까요.

드라마로 알려진 역사 속 직업들

• • •

옛날에는 많은 사람들이 농사를 짓는 농민이었습니다. 그 밖에 상업이나 수공업에 종사하기도 했습니다. 양반과 같이 학문을 공부하는 데 힘쓰거나 벼슬을 맡아 나랏일을 담당하는 사람들도 있죠. 사신들이 오 갈 때 통역을 하는 역관이나 환자를 치료하는 의관 등도 우리가 잘 아는 직업입니다. 노비 중에는 주인집 사람들을 뒤치다꺼리하거나 허드 렛일을 하는 경우도 있습니다. 짐승을 도축하거나 광대 일을 하는 천민들이 있다는 사실도 역사 시간에 배워서 알 것입니다.

그런데 역사책에는 별로 나오지 않다가 역사 드라마에 소개되면서 관심을 끄는 경우가 있습니다. 때로는 기존과는 다른 이미지가 만들어 지는 경우도 있고요. 이런 몇 가지 직업을 예로 들어 볼까요?

‘한류 열풍’ 하면 가장 먼저 생각나는 드라마가 있죠? 아마도 「대장금」일 것입니다. 「대장금」의 주인공인 장금은 중종의 치료를 전담한 의녀입니다. 이름에다가 ‘뛰어난’이라는 의미로 ‘대(大)’자를 붙인 것입니다. 남성 중심의 사회에서 여성인 의녀가 왕의 치료를 전담했다는 것은 그만큼 뛰어난 의술을 가진 인물이었음을 알 수 있습니다.

드라마에서 장금은 두 가지 직업을 가졌습니다. 처음에는 궁궐 수라간의 궁녀로 음식을 만듭니다. 그러다 모함에 빠져 벌을 받아서 제주도로 귀양을 가게 됩니다. 거기에서 장금은 궁궐로 돌아가기 위해 의술을 배웠습니다. 그리고 시험에 합격하여 의녀가 되어 궁궐로 돌아와 의녀 생활을 하게 됩니다.

‘수라’는 왕이 먹는 음식을 높여 부르는 말입니다. 궁녀들은 드라마에 흔히 나오지만, 왕이나 왕비, 후궁의 뒤를 따라다니는 모습만 자주 나왔을 뿐 실제로 하는 일은 별로 소개되지 않았습니다. 그런데 드라마 「대장금」을 통해 궁중에서 음식을 만드는 일을 전문적으로 하는 궁녀들이 있었으며 이들이 하는 일을 매우 중요하게 생각했다는 사실이 알려졌습니다.

의녀도 별로 알려지지 않은 직업입니다. 지금의 의사에 해당하는 의관은 역사책에도 으레 나오지만, 간호사에 해당하는 의녀 이야기는 없으니까요. 「대장금」의 방영으로 조선 시대에 의녀가 궁중에서 왕이나 왕족의 치료는 물론, 일반 백성들의 치료에도 중요한 역할을 했다는 사실이 알려졌습니다.

드라마 「다모」는 조선 시대 여자 형사 이야기입니다. 조선 시대에도 범죄가 일어나면 원인을 규명하고 범인을 추적해서 잡아들이는 일을 담당하는 관리들이 있었습니다. 오늘날의 형사에 해당하는 직업입니다. 드라마 「다모」의 '다모'도 이런 일을 합니다.

'다모(茶母)'는 원래 관청에서 차나 술 심부름을 하는 여성입니다. 아무래도 이런 일을 하다 보면 다수의 남성과 접촉하고 이야기도 주고받을 것입니다. 때로는 희롱을 당하는 경우가 생길 수도 있습니다. 그래서 다모는 사회에서 천하게 취급되는 직업이었습니다.

그런데 다모는 포도청에 소속되어 여성 범죄를 담당하기도 했다는 기록이 있습니다. 여기에 착안해서 다모를 조선 시대 여형사로 활약하는 드라마를 만든 것입니다. 「다모」에서 다모가 하는 일이 얼마나 역사적 사실에 들어맞는지와는 별개로 조선 시대 형사 업무를 하던 직업이 있다는 사실은 흥미롭습니다.

드라마 「추노」는 도망간 노비를 추적해서 잡는 일을 직업으로 하는 사람의 이야기입니다. 추노는 국가가 공식적으로 인정하는 직업이 아니라 개인적으로 돈을 벌기 위해 하는 일이었습니다. 그렇지만 노비를 소유하고 있던 관청이나 양반들은 도망간 노비를 잡아 오기 위해 이들을 고용했습니다.

「왕과 나」는 조선 시대 환관이었던 김처선의 일대기를 다룬 드라마입니다. 환관은 사극에서 너무나 자주 나왔던 인물입니다. 그렇지만 임금의 옆이나 방문 앞에서 늘 대기하다가 지시를 전달하는 정도의 역할이 었을 뿐 환관의 삶은 다루지 않았습니다. 환관의 이미지도 거세를 당해서 자식을 낳을 수 없는 '별 볼 일 없는' 남자라고 인식되었습니다.

그런데 「왕과 나」는 환관을 주인공으로 했습니다. 그동안의 이미지와는 달리 가장 가까운 곳에서 왕을 보필하는 환관의 힘은 만만치 않았습니다. 단순히 왕의 명령을 전달하거나 심부름하는 데 그치는 것이 아니라 정치에 영향력을 행사하거나 권력을 휘두르는 경우도 있었습니다. 전문성을 가지고 국왕의 업무를 보좌하거나 건강을 돌보고, 통역을 맡는 경우도 있었습니다.

「왕과 나」의 주인공인 김처선은 세종부터 연산군 때까지 7명의 왕을 보필했습니다. 그러나 연산군이 신하들을 죽이고 술과 향락에 빠지는 등 올바른 정치에서 멀어지자 잘못된 일을 하지 말라고 여러 차례 간청하다가 노여움을 사서 다리와 혀가 잘리는 죽임을 당했습니다.

이들 드라마에 나오는 내용은 상당 부분 작가가 지어낸 것입니다. 그렇지만 여기에 나오는 주인공들의 직업은 실제로 있었습니다. 이들 드라마가 과거에도 다양한 일을 하는 사람들이 필요했다는 사실을 알리고, 이들의 삶에 관심을 갖게 했다는 점만 해도 상당한 의미가 있습니다.